JN415789

# 일본
# 명문감상

# 일본 명문 감상

한국외국어대학교 일본학술도서편찬위원회

HU:iNE

# 머리말

이번에 개정 출판하게 된 『일본어원서이해』와 『일본명문감상』은 본 대학에서 교재로 사용하는 『현대일본어 첫걸음』에 이어 중급 수준의 일본어를 학습할 수 있도록 편찬한 교재이다.

이 책은 일본의 수필, 평론, 소설, 시, 희곡에 이르기까지 다양한 장르의 문장을 모아 엮었는데, 『일본어원서이해』에는 언어 · 사회와 관련된 내용을 담았고 『일본명문감상』에는 주로 문학과 문화 관련 내용을 담아, 두 교재가 서로 짝을 이루면서 보완적인 역할을 하도록 하였다.

따라서 일본어 학습자들이 초급 단계의 어법 및 어휘 문형을 이해한 후에 여러 가지 다양한 장르의 현대어 문장을 접함으로써, 어떠한 문장을 대하더라도 독해할 수 있는 능력을 키울 수 있게 될 것이다.

각 과에서는 본문과 함께 작자 소개, 한자 읽기, 문형 연습, 숙어 등을 정리하여 효율적인 학습과 지도에 편의를 꾀하고자 하였다.

본 일본학술도서편찬위원회에서는 나름대로 최선을 다해 적절한 문장을 선택하고 배열, 정리하였으나 그래도 부족한 점이 남아 있을 것으로 생각된다. 이 책을 사용하시는 분들의 많은 조언을 기대해 마지않는다.

끝으로 책이 나오기까지 노고를 아끼지 않으신 여러분들에게 감사를 드리며, 이 책을 사용하는 학습자들에게 많은 발전이 있기를 바란다.

2013년 2월

편찬위원 일동

# 차례

第一課

# 梗概を書く



竹西寛子

作品の紹介をするとか、梗概を書くとかいった仕事は、とかく軽んじられやすい傾向なきにしもあらずであるが、質のいい要約を読んだ時の心の弾みは、ほとんど例外なく原作に遡ろうとする。

もともと作品紹介は、自分の読みを第三者に伝えるという姿勢を否定したのでは成り立たない作業だと思うので、論評は出来ないが紹介ならと、いたって気楽に考えている人に接すると、ちょっと待ってくださいと言いたくなる。確かに紹介は論評ではない。論評はさし控えなければならない。けれども、自分なりの読みが出来ていての紹介なら論評の可能性も充分にある。また、そうでなければおかしい。論評の可能性はありながらそれは抑えて作品自体に語らせるのがいい要約で、自立している読みもないのに筋書きだけならと高をくくっている人の要約は、読んでこちらが弾まない。

部分に引きずられて散漫な鑑賞にとどまるのではなく、好き嫌いだけに従ってでもなく、作品全体をひとつの生きものとしていったん自分の内におさめるという作業は、どのような作品に関しても私にはけっして容易な作業ではない。

読み手次第の要約である。これは避けられない。そして当然のことながら、要約はすでに原作ではない。外国文学の翻訳然り、古典の現代語訳また然りである。ただ、要約においては、伝達すべき細部を選び出す自由、捨てる自由を、翻訳や口語訳よりも多く行使出来る。読みの表現はより直接的であり得る。読んで弾んだ要約のあれこれを考えてみると、細部の捨て方のうまさということがある。捨てる、とは、とりあえずの言い方でしかない。つまり無視でも放棄でもなく、選んだ細部に、直接には選ばなかった細部をこめる、そのこめ方のうまさである。

どの細部にどの細部がこめられるか。その見通しのついた時、要約の半ばは出来たと言えるかもしれない。全体が有機的に読めていない限りこういう見通しも不可能だと思う。逃げ腰で要約が出来るとは思わない。作品の読み手の単なる発言ではなく、表現の次元に達していてこその、いい紹介であり、梗概、要約であろう。いい紹介、梗概、要約は作品になっている。それで読み手は弾む。原作に遡りたくなる。

梗概を書く、ということに関して言うなら、文学辞典の記述もこれに当たっていて、例えば物故作家で言えば、記述の分量がどんなに少なくても、その人の文学と生涯の梗概を書くという姿勢は否定できないだろう。

とすれば、記述の分量の多寡とは無関係に、その人の文学と生涯をどう読むかが大前提になる。辞典の記述に恣意を抑制するのは常識だが、それは対象と聞き手の間に血が通わなくてもいいということではない。例えば数行の文章に、一人の人間の文学と生涯をこめる作業は、劇的な作業だとさえ言えないか。その数行は、その人の全生涯を支える文章のはずである。

いい文学辞典は幾冊あってもよい。

しかし、安直につくられた文学辞典は、どこか有害食品に似ている。

竹西寛子「梗概を書く」『音のパレット』
(青土社, 1984)

---

✿ 作者: 竹西寛子（たけにしひろこ） (1929〜)

作家。早稲田大学国文学科卒。小説に『儀式』『鶴』『管絃祭』『兵隊宿』、評論に『往還の記』『式子内親王・永福門院』など。

## 漢字の読み方

| | | | |
|---|---|---|---|
| 梗概（こうがい） | 軽（かろ）んじる | 傾向（けいこう） | 弾（はず）む |
| 遡（さかのぼ）る | 姿勢（しせい） | 成（な）り立（た）つ | 作業（さぎょう） |
| 論評（ろんぴょう） | 気楽（きらく） | 接（せっ）する | さし控（ひか）え |
| 抑（おさ）える | 語（かた）る | 筋書（すじが）き | 散漫（さんまん） |
| 鑑賞（かんしょう） | 容易（ようい） | 次第（しだい） | 避（さ）ける |
| 翻訳（ほんやく） | 然（しか）り | 細部（さいぶ） | 行使（こうし） |
| あり得（う）る | 捨（す）て方（かた） | 放棄（ほうき） | 見通（みとお）し |
| 有機的（ゆうきてき） | 逃（に）げ腰（ごし） | 物故作家（ぶっこさっか） | 生涯（しょうがい） |
| 多寡（たか） | 恣意（しい） | 抑制（よくせい） | 常識（じょうしき） |
| 数行（すうぎょう） | 劇的（げきてき） | 幾冊（いくさつ） | 安直（あんちょく） |

## 文型

(1) 梗概を書くとかいった仕事は、とかく軽んじられやすい傾向なきにしもあらずであるが、

- 京に思ふ人なきにしもあらず。
- 勝利の可能性がなきにしもあらずなので、諦めるのはまだ早い。
- 古い車なので途中で壊れることも”なきにしもあらず”ですよ。
- 彼女がうそをついていることが無きにしもあらずだね。

✿ 無(な)きにしも非(あら)ず：ない訳(わけ)ではない、無(な)いということもない、必(かなら)ずしもないとは限(かぎ)らない、少(すこ)しはある、などという意味(いみ)。形容詞「なし」の連体形＋断定の助動詞「なり」の連用形＋副助詞「しも」＋ラ変動詞「あり」の未然形＋打消の助動詞「ず」

(2) 自分なりの読みが出来ていての紹介なら論評の可能性も充分にある。

- 長い年月を経ての春でございます。
- あなたあっての私です。
- 実際に使ってみての感想です。
- 命あっての物種とは、何事も命があってこそ初めてできるものだというたとえ。

(3) 読みの表現はより直接的であり得る。

- 大学は、問題解決力を育成する「場」になり得るか。
- そんなことは決してあり得ません。
- 僕らの未来は誰も知り得ない。
- 上杉謙信と武田信玄とは生涯のライバル同士で、互角に戦い得る実力があった。

## 熟語

なきにしもあらず　　心が弾む　　高をくくる

# 第二課

# 孤独

亀井勝一郎

われわれが孤独感をいだきはじめるのは、いつごろからであろうか。だれしも思いあたるように青春時代である。

いわゆる第二の誕生日—そのときはじめて孤独の意識を明瞭にもつであろう。すなわちおのれの生き方を求めようとする欲求の起こったときだ。その理由は、人生が未知であることにもとづく。

むろん多くの先人の教えはあり、人生を説いた書もすくなくはないが、それを生かしていくのはけっきょく自分自身であり、ただひとたびのいのちをなにものかに賭して人間は生を終えるのだ。

しかもそういう一生は、あらかじめはっきりきまっているものではないし、自分の将来の図式はどこにも書かれていない。どういう本を読んでも、どういう人の教えを聞いても、自分はなにものであるかを明確に予知することはできないであろう。未知の世界にはじめて目を開いて、そして生きてゆかなければならない。自分の歩むべき道というものはなくて、自分の歩いたところがそのまま道になる。そういう不安定にむかって進んでいかなければならぬ。新しい運命をきりひらいていく。それをしんけんに考えるとき、われわれは孤独をあじわうのである。

むろん孤独というものは、かならずしもひとりぼっちでいるという意味ではない。それは人間と人間とのあいだに起こる。親、兄弟、その他多くの友人あるいは一般社会の人、そういうもののなかにあって、はじめて孤独感をいだく。なぜなら人生を生きるとは人間のあいだを生きていくということだからだ。多くの生命の流れのなかに、おのれの生をかけることだからだ。しかも安んじて自分の身を託すにたるものだ。しかも、安んじて自分の身を託すに足るものの見つからない焦燥不安 — ここに青春がある。孤独の感じをいちばんさきにわれわれに味わわせるものは、幸か、不幸か自分にとって最も親しい者である。常識からいえば、親しく愛し合っているあいだがらでは、かならず自分の行くべき道について、理解をもち、みちびきを与えてくれると思うのが当然であろう。

しかしどんな親しい者であっても、ひとりの人間の生き方というものを明確に示すことはできるものではない。はじめのあいだ、われわれは師や両親や友人に期待する。また師や両親のほうでも、心からみちびき教えようと心を労するのは当然である。しかし、自分の未来のことごとくをそこに期待するのは、期待するほうがむりなのだ。小児の手をひくように人生をみちびいていってくれる人はない。

われわれは青春時代、はじめて道を求めんとするとき、つい周囲の親しい人にすがりつく。いろいろ相談する場合もある。しかしどうしてもまんぞくな答えをうることができない。かえって親しい者のあいだにおいて孤独を感ずる。肉親や師にそむくことさえしばしばある。人生の荒波を渡る孤舟 — これが人間の姿だ。

✿ 作者: 亀井勝一郎（かめいかついちろう） (1907～1966)

評論家。函館市生れ。東京大学美学科退学。『転形期の文学』『人間教育』『大和古寺風物誌』『現代史の課題』。

### 漢字の読み方

| | | | |
|---|---|---|---|
| 明瞭（めいりょう） | 欲求（よっきゅう） | 先人（せんじん） | 賭（と） |
| 図式（ずしき） | 安（やす）んじる | 焦燥不安（しょうそうふあん） | 師（し） |
| 労（ろう）する | 肉親（にくしん） | 荒波（あらなみ） | 孤舟（こしゅう） |

### 文型

(1) なぜなら人生を生きるとは人間のあいだを生きていくということだからだ。

・「いちもくおく」とは、どういう意味ですか。

・アイドルとは彼女みたいな人だろう。

・学問とは、こんな面白いものだと思わなかった。

・忘却とは、忘れ去ることである。

・人間とは考える動物であるといえる。

(2) われわれは青春時代はじめて道を求めんとするとき……。

・発表せんとするところである。

・小説家たらんとして上京した。

・いたずらをやめんとしない。

・花をつまんとしても手がとどかない。

・今まさに大木が倒れんとしている。

(3) 肉親や師にそむくことさえしばしばある。

・大人の私にさえ分からないことをあの子に分かるはずがない。

・生きる値打もないとさえ思っている。

・まんじりさえしないで一夜を明かしました。

・新聞さえゆっくり読んでいられないほど忙しい。

・家族にさえ知らせずに、旅に出ました。

・手紙どころか、年賀状さえくれなかった。

第三課

# 旅の俳人

二反長半

古池やかわず飛び込む水の音

あたりは、うっそうとしげった林で、草ぼうぼうの土手は、くずれかかっていた。古池が、梅雨空の下に、水草をうかせてよどんでいる。

トボン!

静かな空気をひびかせて、一ぴきのカエルがその古池に飛びこみ、そのまますがたを消した。後はまた、なに一つ音もしない静けさだ。

なんとすばらしい自然だろう。心をすませてくれる水の音だけがひびいた。

有名な俳句[①]である。作者は、旅の俳人といわれた江戸時代の松尾芭蕉[②]である。

芭蕉は四十一歳(一六八四年)から五十一歳(一六九四年)で亡くなるまで、その十年間に、六回も長い旅に出ている。その旅に書き記したのが、『野晒紀行』『更科紀行』『奥の細道』そのほかであるが、中でも、『奥の細道』はとくにすぐれた紀行文とされて、教科書にもさかんに採用されている。

一六八九年の春に、深川の芭蕉庵[③]を出発して、日光、松島、平泉、それから象潟(秋田県)をたずね、北陸道をたどって、金沢から福井にはいり、秋に、美濃(岐阜県南部)の大垣に着いている。その間の自然、人情、風俗そのほかを美しく味わいある文章でつづり、わびをうきあがらせている。

旅に出る前、芭蕉は、かならず、自分で、ももひきのやぶれをつくろったり、かさのひもをつけかえたりした。そして、なにしろ長い旅のことだから、足がじょうぶでなければこまる。そのために、ひざの下に、お灸をすえるのだった。

『奥の細道』の旅にも、同じ用意をし、それができあがると、三月の二十七日に、満開のサクラの江戸を後にして、門弟の曾良[④]を連れて、二人で芭蕉庵を出発したのだった。

出かけるとき、芭蕉は、見送る親しい友や弟子たちに、こんな句をつくっておくった。

ゆく春や鳥なき魚の目はなみだ

(春はもう過ぎようとしている。春との別れをおしむ鳥や魚の目になみだが光っているなあ。それと同じようにみなさんと別れて江戸を出て行くわしもさびしいわい。)

芭蕉も曾良も、せなかに紙でつくった衣の紙子[⑤]やそのほかいろいろな旅の道具をせ負っていた。が、なによりもたいせつなのは、筆と墨であった。

その年、芭蕉は、四十六歳だったが、年よりもふけて、それだけの荷物をせ負ったすがたは、いたいたしく見えた。とはいえ、好きな長い旅に出るのだ。しかも、ぜひ行ってみたいと願っていた東北から北陸へかけてである。芭蕉は心がおどってならず、曾良に言った。

「のう、曾良や、楽しい旅じゃの。ほら、もう、あんなめずらしい花が、風に吹かれて、そよそよ、わしらをまねいているようじゃないか。」

「ほんに、すばらしいけしきでございまする。先生、一句を。」

そして、たがいに心にうつる感情を、五、七、五の句に表し、見せ合い、よみ合い、

「いい旅じゃ、いい句じゃ。」

とっととっとと、また足を速めるのであった。

---

✿ 作者: 二反長半(にたんおさなかば) (1907～1977)

小説家、児童文学家、教師。大阪府茨木市生れ。法政大学卒。

注

① 俳句: 連歌の発句が独立したもので、五・七・五の十七音節で完結する短詩型。

② 松尾芭蕉(1644～1694): 俳人。伊賀上野(三重県)生。『野晒紀行』『笈の小文』『更科紀行』『奥の細道』『嵯峨日記』『猿蓑』など。蕉風俳諧を樹立。

③ 芭蕉庵: 1680年、芭蕉37才の時、門人杉山杉風の深川六間堀にある別荘に移り住み、はじめて定住の所を得る。そこを芭蕉庵と号する。

④ 曾良(1649～1710): 俳人。信濃国諏訪郡生まれ。『曾良旅日記』『道の記』など。蕉門十哲の一人

⑤ 紙子: 紙でつくった衣服。元禄のころに流行した。

## 漢字の読み方

| | | | |
|---|---|---|---|
| 土手(どて) | 古池(ふるいけ) | 梅雨空(つゆぞら) | 水草(みずくさ) |
| 俳人(はいじん) | 江戸時代(えどじだい) | 紀行文(きこうぶん) | 深川(ふかがわ) |
| 日光(にっこう) | 松島(まつしま) | 平泉(ひらいずみ) | 象潟(きさがた) |
| 金沢(かなざわ) | 福井(ふくい) | 美濃(みの) | 大垣(おおがき) |
| 風俗(ふうぞく) | 用意(ようい) | 満開(まんかい) | 門弟(もんてい) |
| 見送る(みおくる) | 紙子(かみこ) | 道具(どうぐ) | 墨(すみ) |
| 東北(とうほく) | 北陸(ほくりく) | 一句(いっく) | 感情(かんじょう) |

## 文型

(1) 草ぼうぼうの土手は、くずれかかっていた。

- ・沈みかかった船から、乗客たちが次々とボートに乗り移った。
- ・交通事故で死にかかったんですが、幸いこのように元気になりました。
- ・散りかかった桜の花びらを帽子に受けた。
- ・学校の前を通りかかっていると、学生たちがサッカーをしていた。

(2) なんとすばらしい自然だろう。

- ・なんときれいな花だろう。
- ・なんと美しい人だろう。
- ・なんと立派な庭であろうか

(3) たがいに心に映る感情を、見せ合い、よみ合い

・皆で少しずつお金を出し合って、地図を買った。

・その事は皆で話し合って決めた方がいい。

・その話を聞いて、山田さんと私は喜び合った。

・どんなきっかけであの二人が知り合ったか分らない。

・同じ文化・同じ言語を共有する二人でさえ理解しあうのは容易ではない。

### 熟語

すがたを消す　音がする　灸をすえる　心がおどる

# 第四課

# 雨傘

川端康成

濡れはしないが、なんとはなしに肌の湿る、霧のような春雨だった。表に駈け出した少女は、少年の傘を見てはじめて、

「あら。雨なのね?」

少年は雨のためよりも、少女が坐っている店先を通る恥ずかしさを隠すために、開いた雨傘だった。

しかし、少年は黙って少女の体に傘をさしかけてやった。少女は片一方の肩だけを傘に入れた。少年は濡れながら、おはいりと、少女に身を寄せることが出来なかった。少女は自分も片手を傘の柄に持ち添えたいと思いながら、しかも傘のなかから逃げ出しそうにばかりしていた。

二人は写真屋へ入った。少年の父の官吏が遠く転任する。別れの写真だった。

「どうぞお二人でここへお並びになって」と、写真屋は長椅子を指したが、少年は少女と並んで坐ることが出来なかった。少年は少女のうしろに立って、二人の体がどこかで結ばれていると思いたいために、椅子を握った指を軽く少女の羽織に触れさせた。少女の体に触れた初めだった。その指に伝わるほのかな体温で、少年は少女を裸で抱きしめたような温かさを感じた。

一生この写真を見る度に、彼女の体温を思いだすだろう。

「もう一枚いかがでしょう。お二人でお並びになったところを、上半身を大きく。」

少年はただうなずいて、

「髪は?」と、少女に小声で言った。少女はひょいと少年を見上げて頬を染めると、明るい喜びに眼を輝かせて、子供のように、素直に、ばたばたと化粧室へ走って行った。

少女は店先を通る少年を見ると、髪を直す暇もなく飛び出して来たのだった。海水帽を脱いだばかりのように乱れた髪が、少女は絶えず気になっていた。しかし、男の前では恥ずかしくて、後毛を掻き上げる化粧の真似も出来ない少女だった。少年はまた髪を直せと言うことは少女を辱しめると思っていたのだった。

化粧室へ行く少女の明るさは、少年をも明るくした。その明るさの後で、二人はあたりまえのことのように、身を寄せて長椅子に坐った。

写真屋を出ようとして、少年は雨傘を捜した。ふと見ると、先に出た少女がその傘を持って、表に立っていた。少年に見られてはじめて、少女は自分が少年の傘を持って出たことに気がついた。そして少女は驚いた。なにごころないしぐさのうちに、彼女が彼のものだと感じていることを現わしたではないか。

少年は傘を持とうと言えなかった。少女は傘を少年に手渡すことが出来なかった。けれども写真屋へ来る道とはちがって、二人は急に大人になり、夫婦のような気持ちで帰って行くのだった。傘についてのただこれだけのことで—。

✿ 作者: 川端康成(かわばたやすなり) (1899～1972)

小説家。大阪生れ。東京大学卒。『伊豆の踊子』『浅草紅団』『禽獣』『雪国』『古都』『山の音』など。新感覚派。

## 漢字の読み方

| | | | |
|---|---|---|---|
| 肌(はだ) | 霧(きり) | 店先(みせさき) | 雨傘(あまがさ) |
| 黙(だま)る | 長椅子(ながいす) | 握(にぎ)る | 羽織(はおり) |
| 触(ふ)れる | 裸(はだか) | 抱(だ)きしめる | 頬(ほお) |
| 染(そ)める | 素直(すなお) | 後毛(おくれげ) | 真似(まね) |
| 掻(か)き上(あ)げる | 海水帽(かいすいぼう) | 化粧(けしょう) | 夫婦(ふうふ) |
| 捜(さが)す | | | |

## 文型

(1) 濡れはしないが、なんとはなしに…。

・それぐらいのことでおこりはしないだろう。

・それほどのことでしかりはしないでしょう。

・老人はその手紙を見もしないで、破り捨ててしまった。

・主人は読めもしないのに、フランス語の本を買って来ました。

(2) 霧のような春雨だった。

・まだ4月なのに、夏のような暑さだ。

・コーラのような冷たいものが飲みたい。

・この辺は田舎のように静かです。

・彼女の頬はりんごのように赤かった。

**熟語**

身を寄せる

第五課

# 日本人の季節感



石森延男

少年のころ、わたしの住んでいた家には、から松の生け垣がありました。から松は四メートルばかりの高さで、二十メートルも横隊になって茂っていました。

雪がやっと消えて、春が訪れると、いろいろな木がいっぺんに芽を吹き出します。生け垣のから松も、小さな丸い芽を出します。そのそばに近づいていくと、ぷうんと芽の香がするのです。思わず、から松の芽をつまんでかいでみると、きついにおいが発散して、鼻の穴の奥をくすぐります。わたしは、春を確かめるような気持ちで、幾つも芽を摘み取ったり、手のひらにこすり付けたりしました。そして、木の芽のにおいをかいで季節を感じるなんて、わたし一人だろうと思っていました。

ところが、ある日、わたしが父と野原を散歩したときのことです。野原には、芝草やあかざやえのころぐさ・ひめじょおんなど、さまざまな雑草が生えていました。

「これ、なんだか知っているか。」

父は、一本の野草を取って、わたしの目の前に突き出しました。

「知ってるとも。」

「なんだ。」

「よもぎだよ。」

父は、ちょっと笑ってうなずき、それからこんな話をしてくれたのです。

「草のにおいをかいで、その季節を楽しむのは、昔も今も変わらんな。」

「昔って、いつごろ。」

「大昔からさ。千年も前に清少納言①が書いた『枕草子』という本にも出ている。」

「どんなことが。」

「牛車②に乗って山里を行く途中、車の輪にふみつぶされたよもぎのにおいがただよってきたというんだよ。」

この話を聞いて、わたしは、清少納言という人が、千年もの歳月を飛び越えて、いっぺんに身近にやってきたように感じました。

それから数年たって、十四、五のころ、父について「枕草子」や「万葉集③」を読むようになりました。そうして、これらの中には、季節感が至る所にもりこまれているのに驚きました。父は、もし日本人の心に、季節感というものが流れていなかったら、日本の文学は味わいのとぼしいものになったろう、特に、短歌④や俳句⑤などは生まれてこなかったかもしれない、と言いました。

そんなことで、わたしはいつの間にか国文学に取りつかれ、日本の古典といわれるものに触れるようになりました。そうして、触れれば触れるほど、日本人の季節に対する感じ方のこまやかさや鋭さなどに心を引かれるようになったのです。

最近は、ビニールハウスがたくさん作られて、花でも野菜でも果物でも、年がら年じゅう栽培され、収穫されて、いつでも目に触れるようになりました。わたしたちの少年時代は、菊といえば秋であり、トマトといえば夏のものと思っていたものですが、栽培法が進むとともに、花や野菜の季節感もいくらか違ってきたように思われます。そのうえ、道路を造るために、川や畑がうめられ、団地建設のために、山野や森林がけずられてしまい、野鳥の声も遠くなり、木々の緑もまばらになって、四季おりおりの趣も消えていく感じです。

しかし、わたしは、必ずしも悲観はしません。というのは、次々に近代化されていく都市や農村の風景にも、また流行の移り変わりの激しい風俗にも、新しい年中行事の雰囲気にも、今までになかったういういしい季節感を発見するにちがいないと思うからです。

---

✿ 作者: 石森延男(いしもりのぶお) (1897～1987)

児童文学者。札幌市生れ。東京高師文科卒。『咲き出す少年群』『ひろがる雲』『燕たち』『ふるさとの絵』『コタンの口笛』など。

### 注

① 清少納言(966～1020): 平安時代、日本最初の随筆『枕草子』を書いた女流作家。

② 牛車: 昔、牛に引かせ、貴人の乗った車。

③『万葉集』: 先行の歌集から広く歌を集めて、八世紀の後半(七五九年以降)に成立した現存する日本最古の歌集。

④ 短歌: 短歌の一つの形式、五七五七七の五句、三十一音を基準とする。

⑤ 俳句: 五七五の十七音から成る短い詩。発句。

## 漢字の読み方

| | | | |
|---|---|---|---|
| 住(す)む | 生(い)け垣(がき) | 横隊(おうたい) | 茂(しげ)る |
| 訪(おとず)れる | 芽(め) | 吹(ふ)く | 出(で)る |
| 香(か) | 発散(はっさん) | 確(たし)かめる | 摘(つ)み取(と)る |
| 野原(のはら) | 芝草(しばくさ) | 雑草(ざっそう) | 大昔(おおむかし) |
| 野草(やそう) | 清少納言(せいしょうなごん) | 枕草子(まくらのそうし) | 牛車(ぎっしゃ) |
| 山里(やまざと) | 途中(とちゅう) | 輪(わ) | 歳月(さいげつ) |
| 飛(と)び越(こ)える | 身近(みぢか) | 万葉集(まんようしゅう) | 短歌(たんか) |
| 俳句(はいく) | 触(ふ)れる | 鋭(するど)さ | 栽培(さいばい) |
| 収穫(しゅうかく) | 山野(さんや) | 野鳥(やちょう) | 趣(おもむき) |
| 悲観(ひかん) | 風景(ふうけい) | 移(うつ)り変(か)わる | 風俗(ふうぞく) |
| 年中行事(ねんじゅうぎょうじ) | | | |

## 文型

(1) そして、木の芽のにおいをかいで季節を感じるなんて、わたし一人だろうと思っていました。

・こわいなんていうことは、一言も言わなかった。

・彼女には誠実さなんてこれっぽちもない。

・よく考えもしないでわからないなんて言うのは、いけないことだ。

・あれぐらいのことで気を落とすなんて情ないですね。

・親をだますなんて悪いことですよ。

(2) 昔って、いつごろ。

・山田さんってどういう人ですか。

・暴走族って何ですか。

・彼が正直者だって誰が信用するものですか。

・あなたって本当にひどい人だね。

(3) 最近は、ビニール・ハウスがたくさん作られて、花でも野菜でも果物でも、年がら年じゅう栽培され、収穫されて、いつでも目に触れるようになりました。

・飲みものはコーヒーでも紅茶でも何でもいいです。

・たばこは、たばこ屋でも駅の売店でも売っています。

・のりものは飛行機でも船でもいいです。

・スポーツはサッカーでも水泳でもテニスでも何でも好きです。

第六課

# 野ばら

小川末明

大きな国と、それより少し小さな国とが、となり合っていました。とうざ、その二つの国の間には、何事も起こらず、平和でありました。

ここは都から遠い、国境であります。そこには、両方の国から、ただひとりずつの兵隊が派けんされて、国境を定めた石碑を守っていました。大きな国の兵士は、老人でありました。そうして、小さな国の兵士は、青年でありました。

ふたりは、石碑の立っている右と左に番をしていました。いたってさびしい山でありました。そして、まれにしか、その辺を旅する人かげは、見られなかったのです。

初め、たがいに顔を知り合わない間は、ふたりは、敵か味方かというような感じがして、ろくろくものも言いませんでしたけれど、いつしかふたりは、仲よしになってしまいました。ふたりは、ほかに話をする相手もなく、たいくつであったからであります。そして、春の日は長く、うららかに、頭の上に照りかがやいているからでありました。

ちょうど、国境の所には、だれが植えたということもなく、一かぶの野ばらがしげっていました。その花には、朝早くからみつばちが飛んできて、集まっていました。その快い羽音が、まだふたりのねむっているうちから、ゆめごこちに耳に聞こえました。

「どれ、もう起きようか。あんなにみつばちが来ている。」と、ふたりは、申し合わせたように起きました。そして外へ出ると、はたして、太陽は、木のこずえの上に元気よくかがやいていました。

ふたりは、岩間からわき出るしみずで口をすすぎ、顔を洗いにまいりますと、顔を合わせました。

「や、おはよう。いい天気でございますな。」

「ほんとうにいい天気です。天気がいいと、気持ちがせいせいします。」

ふたりは、そこでこんな立ち話をしました。たがいに頭を上げて、あたりのけしきをながめました。毎日見ているけしきでも、新しい感じを見るたびに心にあたえるものです。

青年は、最初、しょうぎの歩み方を知りませんでした。けれど老人について、それを教わりましてから、このごろはのどかな昼ごろには、ふたりは毎日向かい合って、しょうぎをさしていました。

初めのうちは、老人のほうがずっと強くて、こまを落としてさしていましたが、しまいにはあたりまえにさして、老人が負かされることもありました。

この青年も、老人も、いたっていい人々でありました。ふたりとも正直で、親切でありました。ふたりはいっしょうけんめいで、しょうぎばんの上で争っても、心は打ち解けていました。

「やあ、これはおれの負けかいな。こうにげ続けては、苦しくてかなわない。ほんとうの戦争だったら、どんなだかしれん。」と、老人は言って、大きな口をあけて笑いました。

青年は、また勝ち味があるので、うれしそうな顔つきをして、いっしょうけんめいに目をかがやかしながら、相手の王様を追っていました。

小鳥はこずえの上で、おもしろそうに歌っていました。白いばらの花からは、よいかおりを送ってきました。

冬は、やはりその国にもあったのです。寒くなると老人は、南の方をこいしがりました。

その方には、せがれや、孫が住んでいました。

「早く、ひまをもらって帰りたいものだ。」と、老人は言いました。

「あなたがお帰りになれば、知らぬ人が代わりに来るでしょう。やはり親切な、優しい人ならいいが敵、味方というような考えをもった人だと困ります。どうか、もうしばらくいてください。そのうちには、春が来ます。」と、青年は言いました。

やがて冬が去って、また春となりました。ちょうどそのころ、この二つの国は、何かの利益問題から、戦争を始めました。そうしますと、これまで毎日、仲むつまじく、暮らしていたふたりは、敵、味方の間がらになったのです。それがいかにも、不思議なことに思われました。

「さあ、おまえさんとわたしは、きょうからかたきどうしになったのだ。わたしは、こんなに老いぼれていても少佐だから、わたしの首を持っていけば、あなたは出世ができる。だから殺してください。」と、老人は言いました。

これを聞くと、青年は、あきれた顔をして、「何を言われますか。どうして、わたしとあなたがかたきどうしでしょう。わたしの敵は、ほかになければなりません。戦争は、ずっと北の方で開かれています。わたしは、そこへ行って戦います。」と、青年は言い残して、去ってしまいました。

国境には、ただひとり老人だけが残されました。青年のいなくなった日から、老人は、ぼうぜんとして日を送りました。野ばらの花がさいて、みつばちは、日が上がると、暮れるころまで群がっています。今戦争は、ずっと遠くでしているので、たとえ耳をすましても、空をながめても、鉄ぽうの音も聞こえなければ、黒いけむりのかげすら見られなかったのであります。老人は、その日から、青年の身の上を案じていました。日は、こうしてたちました。

ある日のこと、そこを旅人が通りました。老人は、戦争について、どうなったかとたずねました。すると、旅人は、小さな国が負けて、その国の兵士はみな殺しになって、戦争は終わったということを告げました。

老人は、そんなら青年も死んだのではないかと思いました。そんなことを気にかけながら、石碑のいしずえにこしをかけて、うつむいていますと、いつかしらず、うとうとといねむりをしました。かなたから、おおぜいの人の来るけはいがしました。見ると、一列の軍隊でありました。そして馬に乗って、それを指揮するのは、かの青年でありました。その軍隊は、きわめて静しゅくで声一つたてません。やがて、老人の前を通るときに、青年は、目礼をして、ばらの花をかいだのでありました。

老人は、何かものを言おうとすると、目がさめました。それは全くゆめであったのです。それからひと月ばかりしますと、野ばらがかれてしまいました。

その年の秋、老人は、南の方へひまをもらって帰りました。

---

✿ 作者: 小川未明(おがわみめい) (1882～1961)

小説家、児童文学家。新潟県生れ。早稲田大学英文科卒業。『薔薇と巫女』『魯鈍な猫』『野薔薇』『月夜と眼鏡』など。新浪漫主義。

**漢字の読み方**

| | | | |
|---|---|---|---|
| 国境(こっきょう) | 兵隊(へいたい) | 石碑(せきひ) | 敵(てき) |
| 味方(みかた) | 羽音(はおと) | 立(ち)話(たちばなし) | 正直(しょうじき) |
| 困る(こまる) | 少佐(しょうさ) | 群がる(むらがる) | 勝(ち)味(かちみ) |
| 暮れる(くれる) | 目礼(もくれい) | 出世(しゅっせ) | |

## 文型

(1) 毎日見ているけしきでも、新しい感じを見るたびに心にあたえるものです。

・旅行というのは、楽しいものだ。

・大学に入るのは、そう簡単にはいかないものだ。

・人はパンだけで生きるものではない。

(2) こうにげ続けては、苦しくてかなわない。

・あなたのおしゃべりは、早くてかなわない。

・歯痛は、痛くてかなわない。

(3) 敵、味方というような考えをもった人だと困ります。

・あの人はだめだというような言い方をしてはいけません。

・パパヤ、マンゴーというような果物は、熱帯地方に行けばたくさんあります。

・幸、不幸というようなものは、人間の心によるのだ。

(4) この二つの国は、何かの利益問題から、戦争を始めました。

・何年間もお便りが切れたことから、彼はもう死んだにちがいない。

・あの日のはげしいけんかから、二人は永遠に別れてしまいました。

・大学入試への失敗から、彼の人生は大きく立ち直りました。

(5) この青年も、老人も、いたっていい人々でありました。

・この地域のりんごは、いたっておいしいものです。

・私の話を聞いた母は、いたって怒りました。

・二人は、いたって仲がよかったですが、一方が先に死んでしまいました。

熟語

こまを落としてさす　　気にかける

第七課

# 木の根

和辻哲郎

## 1

松の木に囲まれた家の中に住んでいても、松の木の根が地中でどうなっているかはあまり考えてみたことがなかった。美しい赤褐色の幹や、わりに色の浅い清らかな緑の葉が、長いなじみである松の木の全体であるような気持がしていた。雨が降ると幹の色はしっとりとおちついた、潤いのあるあざやかさを見せる。緑の葉は涙にぬれたようなしおらしい色つやを増してくる。雨のあとで太陽が輝きだすと、早朝のようなさわやかな気分が、木の色や光の内に漂うて、いかにも朗らかな生の喜びがそこに踊っているように感ぜられる。おりふしかわいい小鳥の群れが生き生きした声でさえずりかわして、緑の葉の間を楽しそうに行き来する。— それが私の親しい松の木であった。

しかるにある時、私は松の木の生い育った小高い砂山をくずしている所にたたずんで、砂の中に食い込んだ複雑な根を見守ることができた。地上と地下の姿がなんとひどく相違していることだろう。一本の幹と、簡素に並んだ枝と、楽しそうに葉先をそろえた針葉と、— それに比べて、地下の根は、戦い、もがき、苦しみ、精いっぱいの努力を尽したように、枝から枝へと分かれて、乱れた女の髪のごとく、地上の枝幹の総量よりも多いと思われる太い根、細い根の無数をもって、いっせいに大地に抱きついている。私はこのような根が地下にあることを知ってはいた。しかしそれを目の前にまざまざと見た時には、思わず驚異の情に打たれぬわけにはゆかなかった。私は長いなじみの間に、このような地下の苦しみが不断に彼らにあることを、一度も自分の心臓に感じたことがなかったのである。彼の苦しみの声を聞いたのは、時おりに吹く熱風の際であった。彼の苦しそうな顔を見たのは、湿りのない炎熱の日が一月以上も続いたあとであった。しかしその叫び声やしおれた顔も、その機会さえ過ぎれば、すぐにもとの快活に帰って、苦しみのあとをめったにあとへ残さない。しかも彼らは、われわれの目に秘められた地下の営みを、一日も怠ったことがないのであった。あの美しい幹も葉も、五月の風に吹かれて飛ぶ緑の花粉も、実はこのような苦労の上にのみ可能なのであった。

この時以来、私は松の木のみならず、あらゆる植物に心から親しみを感ずるようになった。

彼らはわれわれとともに生きているのである。それはだれでも知っていることだが、私には新しい事実としか思えなかった。

2

私は高野山へ登った。そして不動坂にさしかかった時、数知れず立ち並んでいるあの太いひのきから、なんともいえぬ荘厳な心持を押しつけられた。なるほどこれは霊山だと思わずにはいられなかった。

それは外廓に連なる山々によって平野から切り離された、急峻な山の斜面である。幾世紀を経てきたかわからない老樹たちは、金剛不壊という言葉に似つかわしいほどのどっしりとした、迷いのない壮大な力強さをもって、天を目ざして直立している。そうして木々の間に漂うている生々の気は、ひたひたと人間の膚にも迫って来る。私は底力のある興奮を心の奥底に感じはじめた。

私の目はすぐに老樹の根に向かった。地下の激しい営みはすでに地上一尺の所に明らかに現われている。土の層の深くないらしいこの山に育って、あの亭々たる巨幹をささえるために、太い強靭な根は力限り四方へ広がって、地下の岩にしっかりと抱きついているらしい。あの巨大な樹身にふさわしい根は、いったいどんなであろう。ことに相隣りあった木の根と入りまじって薄い地の層の間に複雑にからみあっているありさまは、想像するだけでわれわれに驚異の情を起こさせる。

確かに山は激しい生の力の営みによって、残る所なく包まれているのである。われわれはそれを肉眼によって見ることはできなかったが、しかし一種の霊気として感ずることはできた。隠れたる努力の威圧が、神秘の影をさえ帯びて、われわれに敬虔の情を起こさせずにはいなかったのである。

私は老樹の前に根の浅い自分を恥じた。そうして地下の営みに没頭することを自分に誓った。今気づいてもまだおそくない。

3

成長を欲するものはまず根を確かにおろさなくてはならぬ。上に伸びることをのみ欲するな。まず下に食い入ることに努めよ。

4

早年にして成長のとまる人がある。根をおろそかにしたからである。四十に近づいて急に美しい花を開き、豊かな果実を結ぶ人がある。下に食い入ることに没頭していたからである。

私の知人にも理解のいい頭と、感激の強い心臓と、よくたつ筆とを持ちながら、まるで労作を発表しようとしない人がある。彼は今生きることの苦しさに圧倒せられて、自分のようなものは生きる値うちもないとさえ思っている。しかし、それは彼の根が一つの地殻に突き当たって、それを突破する努力に悩んでいるからである。やがてその突破が実現せられた時に、どのような飛躍が彼の上に起こるか。— 私は彼の前途を信じている。根の確かな人から貧弱な果実が生まれるはずはない。

5

古来の偉人には雄大な根の営みがあった。それゆえに彼らの仕事は、味わえば味わうほど深い味を示してくる。

現代には、たとい根に対する注意が欠けていないにしても、ともすればそれが小さい植木鉢のなかの仕事に堕していはしないか。いかにすれば珍しい変種ができるだろうかとか、いかにすれば予定の時日の間に注文通りの果実を結ぶだろうかとか、すべてがあまりに人工的である。

天を突こうとするような大きな願望は、いじけた根からは生まれるはずがない。

偉大なものに対する崇敬は、また偉大なる根に対する崇敬であることを考えてみなければならぬ。

6

根のためには、できるならば、地の質を選ばなくてはならぬ。

果実のためには、できるならば、根をつちかう肥料を選ばなくてはならぬ。

根に対する情熱を鼓吹し、その根の本能的に好むところの土壌のありかを教え、そうして、幾千年来堆積している滋養分をその根に供給してやるのが教育の任務である。

7

教養は培養である。それが有効であるためには、まず生活の大地に食い入ろうとする根がなくてはならぬ。

人々はあまりに根の本能を忘れていはしないか。いかに尊い肥料が加えられても、それを吸収する力のない所では何の役にも立たない。私は教養の機会と材料とがわれわれの前に乏しいとは思わない。ただそれに相当する根が小さいのを恐れる。

なんじの根に注意を集めよ。

---

✿ 作者: 和辻哲郎（わつじてつろう）(1889～1960)

哲学者、評論家、小説家。兵庫県生れ。東京大学哲学科卒。『偶像再興』『日本古代文化』『風土』『夢のさめぎわ』『盲人』など。

## 漢字の読み方

| | | | |
|---|---|---|---|
| 赤褐色（せっかっしょく） | 幹（みき） | 清らかな（きよ） | 潤い（うるお） |
| 漂う（ただよ） | 朗らかな（ほが） | 簡素（かんそ） | 針葉（しんよう） |
| 枝幹（しかん） | 驚異（きょうい） | 熱風（ねっぷう） | 湿る（しめ） |
| 炎熱（えんねつ） | 秘められる（ひ） | 怠る（おこた） | 花粉（かふん） |
| 霊山（れいざん） | 外廓（がいかく） | 急峻（きゅうしゅん） | 老樹（ろうじゅ） |
| 金剛不壊（こんごうふえ） | 迷う（まよ） | 膚（はだ） | 迫る（せま） |

| | | | |
|---|---|---|---|
| 底力(そこぢから) | 興奮(こうふん) | 奥底(おくそこ) | 巨幹(きょかん) |
| 強靭(きょうじん) | 肉眼(にくがん) | 敬虔(けいけん) | 恥(は)じる |
| 没頭(ぼっとう) | 誓(ちか)う | 地殻(ちかく) | 突破(とっぱ) |
| 実現(じつげん) | 貧弱(ひんじゃく) | 植木鉢(うえきばち) | 堕(だ)す |
| 肥料(ひりょう) | 鼓吹(こすい) | 土壌(どじょう) | 堆積(たいせき) |
| 滋養分(じようぶん) | 培養(ばいよう) | 尊(たっと)い | 吸収(きゅうしゅう) |
| 偶像再興(ぐうぞうさいこう) | | | |

---

## 文型

(1) その叫び声やしおれた顔も、その機会さえ過ぎれば、すぐにもとの快活に帰って、

・自分達さえ楽しければ、という考えは自己中心的である。

・ただ一緒に住んでさえいれば、家族と呼べるのだろうか。

・互いに少しでも関心を持ち合いさえすれば、そこに対話が生まれてくる。

・車さえあればすぐにでも行けるんですが。

(2) 細い根の無数をもって、いっせいに大地に抱きついている。

・ふつう日本語は漢字と平仮名をもって書き表す。

・収入の多少をもってその人の値打を決めることはできない。

・書面をもってお知らせいたします。

・これをもってご挨拶の言葉といたします。

(3) 上に伸びることをのみ欲するな

・今日は天気が悪いからどこへも行くな。

・私が来てもよいと言うまでは決して来るな。

・あまり人をばかにしたようなことは言うな。

・『用事のない者ははいるな』と部屋の入り口に書いてあった。

・試験に失敗したからって、あまりがっかりするな。

(4) それゆえに彼らの仕事は、味わえば味わうほど深い味を示してくる。

・人は金持ちになればなるほどけちになるものだ。

・値段が高ければ高いほど品がよくなります。

・日本では北へ行けば行くほど寒くなります。

・スポーツは練習すればするほど上手になります。

(5) たとい根に対する注意が欠けていないにしても

・何をするにしても、要領が大切である。

・個人にしても、国家全体にしても損である。

・子供をしかるにしても、ほめるにしても愛情をもってしないといけない。

# 第八課

# だるま

武者小路実篤

登場人物

だるま

A

B

僧侶

舞台。だるまの修行している小さい堂の前。A、B登場

A　この堂に住んでいる男を、君は知っているかい。

B　知らない。

A　そうか。この堂の内には珍しい男が住んでいるのだ。

B　どんな男だい。

A　八・九年の間、壁ばかり見ているという男が住んでいるのだ。

B　壁を八・九年見ている? なんのためだい。

A　なんのためだかわかれば、珍しい男じゃないことになるが、だれも、なんのために、壁とにらめっこしているかを知っているものはな

いのだ。みんなの言うところだと、白痴だろうということになっている。

B　　そんな大きな声で言うと、内へ聞こえやしないか。

A　　だいじょうぶ。白痴で、その上、つんぼときているのだからね。

B　　つんぼなのかい。

A　　つんぼなのさ。

B　　それで壁ばかり見ているのかい。

A　　そうだ。壁ばかり見ている。

B　　どうして、食っているのだい。

A　　近所の人間が、飯だけはかかさずもってきて、入れてやっているらしい。

B　　それは感心だね。

A　　それは時々は、飯を運ぶのを忘れる時もあるだろう。三日や四日運ぶのをわざと忘れてみた時があったが、平気で、やっぱり壁を見ていたそうだよ。

B　　ずうずうしいやつだね。

A　　だが、白痴としたら、できのいい白痴で、悪いことは何もしないのだ。そして、ただ壁だけ見ているのだからしまつはいいのだ。飢え死にされると困るので、飯は食わしているが、それも、ごく少しきり食わないのだから、べつに困ることはないのだ。

B　　だが、飯をやらなかったら、どこかへ行くだろう。

A　　ところが、そんなことが考えられる男ではないようだ。飯を入れてやらなければ、出て食うなんていう考えは、起こらないらしい。

B　　珍しいばかだね。

A　　そのくせ、顔だけは、なかなかこわい顔をしている。かしこそうな顔をしている。こんな話がある。なん年前かに戦争があった時、敵の兵隊が、ここをあらしたことがあった時、この内にいるやっこさんだけは、逃げないで、やっぱり、ここで壁を見ていたそうだ。みんなが逃げろと言ったって、つんぼだろう、だから平気でいるので、みんなも、死ぬなら、かってに死ぬがいいと思って、逃げたのだそうだが、やっこさんは、そんなことはいっこう平気で、相変わらず顔を壁に向けてすわっていたら、敵兵がはいってきて、首を切ろうとしたそうだが、やっこさんは、平気でいたそうだ。あんまり平気なので兵隊のほうがこわくなって、これはよほどえらい人にちがいない。聖者にちがいないと思って、おじぎをして逃げたそうだ。だれだって顔を見ると、白痴だとは思えないからね。

B　どんな顔をしているのだい。

A　見たければ、見せてやろう。(戸をあけようとする)

B　だまって、戸をあけてもいいのかい。

A　いいとも、声をかけたって聞こえやしないからね。時々人が来ると、ぼくはここをあけて見せてやるが、自分の首が落ちかけたって、平気な男だから、戸ぐらいあけたって、驚きはしないよ。(戸をあけようとする)なかなかかたい戸だよ。(あける)どうだ、なかなかえらそうな顔をしているだろう。白痴とは思えないだろう。

B　思えないね。なかなかするどい顔をしているね。ちょっと見ると、白痴というより、気違いに見えるね。

A　だが、気違いとしては、おとなしすぎるのだから、やっぱり白痴なのだろう。

B　そうかね、見かけはなかなか堂々としているね。白痴とは、どうしても見えないね。

A　人は、見かけによらないというが、ほんとうだね。ぼくは、はじめ、こいつはきっと、りこうな人間なのだが、心願のために、無言の行をしているのだと思って、ないない尊敬していたが、あんまり鈍いので、がっかりしてしまったよ。このまえ、ぼくがここを通った時、ひとりの男があいつの頭をなぐって、いい音がするだろう、と言っていたがね。ぼくは、あいつが起き上がるか、どうかするだろうと思っていたが、少しも表情が変わらなかった。つまり、なんにも感じなくなっているのだね。

B　そうかね。しかし人間も、そこまでばかになればいいね。

A　ほんとうだよ。ぼくもその点では、こいつに感心しているのだよ。なんだってこわいものはないのだ。飢え死にすることも、殺されることも平気なのだからね。なぐられたって、悪口されたって、蚊がとまったほどにも思わない。そのかわり、楽しみなんかも、なんにも感じないだろう。なんのことはない。金でつくった彫刻のようなものだね。もう生きながら死んでいるようなものだね。ただ、息がかよっているというだけにすぎないね。人間もこうなってはおしまいだよ。だが、そのかわり、心配もないだろう。苦労なんかもないだろう。このくらいのんきな人間はないだろう。

B　しかし、ほんとうに、あれでばかなのかね。ぼくにはそう思えないね。

A　しかし、りこうな人間が今どきに、こんなことを八・九年続けることはできまい。

だって、壁を見ていたって、なんになるだろう。なんにもなるわけはないじゃないか。

B　それはそうだね。しかし頭をたたかれても、ほんとうに顔色を変えないかね。ただ、変えないふりをしているだけなのじゃないかね。

B　いや、たしかに変えないね。ぼくは、よく見ていた。

A　しかし、遠くで見ていたのだろう。それじゃ、目玉の動きなんかよくわかるわけはない。

B　それなら、ぼくが、ひとつ頭をたたいてみるから、よく見ていたまえ。

A　たたいても、だいじょうぶかい。この男にいきなりどなられたら、腰をぬかしそうだよ。なにしろ、こんなこわい顔はめったに見たことがないからね。

B　だいじょうぶだよ。いいかい。なぐるから、よく見ていたまえ。

A　だいじょうぶかい、ほんとうに。

B　だいじょうぶとも、よく見ていたまえ。

A　よく見れば見るほど、珍しい顔だね。どうもこいつがおこりだしたら、しめ殺されて食われそうだね。

B　いや、こいつは、じつにおとなしいやつなのだ。こわいのは顔だけだよ。それなら、なぐるよ。

A　よし。

(A、頭をなぐる)

B　どうだ。

A　不思議だね。どうも、不思議だ。もう一度なぐってみてくれないか。(そばによる)

B　よし。(またなぐる)どうだ、やっぱり変わらないだろう。

A　変わらない。不思議だね。生きているのかね。

B　生きているにきまっているよ。

A　どうも、やっぱり君の言うとおり、この男は白痴だね、神経がないのだね。ぼくは、こんな男を見たことはない。みやげ話に、ひとつぼくにも打たしてもらおうかね。

A　ああ、かまわないから、えんりょなく打ちたまえ。

B　まるで、君のもののようだね。はっはっは。

A　はっはっは。

B　ひとつ、それではなぐらしてもらおうかね。

A　えんりょなく。

B　　それでは、こんど、君が見ていてくれたまえ。

A　　よし。

B　　なぐるからね。(なぐる)どうだ。

A　　なんともない。

B　　ほんとうに、この頭はなぐるといい音がするね。もう一つなぐってみてもいいかね。

A　　いいとも。

B　　お許しが出たから、なぐるかな。だが気の毒だね。

A　　感じないのだから、かまわないよ。

B　　ひとつ、うんと力を入れてなぐっても、だいじょうぶかね。

A　　君の力ぐらいなら、だいじょうぶだろう。

B　　不意に感じて、飛び上がられてはびっくりするね。

A　　だいじょうぶだよ。このまえなぐったやつは君より、力が強そうな男だったよ。

B　　それなら、これが最後だから、話の種に、力いっぱいなぐってやろう。

(B、力をこめてなぐる。同時に)

だるま　喝つ。

(ふたり、腰をぬかす)

A　　許してください。

B　　許してください。

(だるま、だまって立って、外へ出て、からだの汗をふき、便所に行く)

A　　なんだ、小便に行ったのだ。びっくりしたな。あの声には驚いたな。なんという声だろう。

B　　ほんとうに、びっくりした。逃げ出そうか。

A　あんまりびっくりしたので、腰が立たなくなってしまった。

B　おれの腰もいうことをきかなくなった。だから、よせばよかったのだ。君が、あんなことを言うので、ひどいめにあった。どうなるだろう。

A　ともかく、逃げられるだけ逃げよう。
(いざりながら逃げようとする。だるま、帰ってきて、また以前のところへすわる)

A　こいつは、逃げないでもだいじょうぶだよ。やっこさん、びっくりして声は出したものの、そこはばかの本性で、なぐられたことは気がつかず、おれたちのいることは知らないのだ。不意に小便に行きたくなっただけなのだ。君が、あんまりひどくたたいたので、ひょっと気がついたら、小便に行きたくなったのだろう。なんでもなかったのだ。

B　ずいぶん驚かされたな、あの声には、一時は、どうなるかと思った。

A　もう一度、なぐる元気があるかね。

B　もう、とてもない。腰が立つかね。

A　やっと立ちそうだ。ずいぶん驚いたね。寿命が三年もちぢこまったようだ。

B　どうも、いくじのない話だね。

A　いい話の種ができて、うれしいだろう。

B　しかし、腰をぬかした話は、ないしょにしておこう。

A　あんまり、名誉なことでもないからね。

B　君は、もっと度胸があるのかと思ったよ。

A　しかし、ぼくには、もう一度ぐらいなぐれる元気があるね。

B　ほんとうかい?

A　ほんとうとも。だが、君が驚くとかわいそうだから、やめておこう。

B　なに、ぼくは、あの戸口で見ているから、なぐれるなら、ひとつなぐって見せてもらおう。だが、なぐる勇気は君にはないだろう。さっきのようじゃ、とても、そんな勇気があるとは思えない。

A　なぐってどうする。ひとつ、おれの勇気を見せてやろう。

(こわごわだるまに近づき、手をふりあげる。だるまふりむく)

A　(ひざまずき)お許しください。お許しください。

だるま　きょうは、なん日かな。

(AとB、びっくりして口をもがもがする)

だるま　おまえさんがたは、つんぼなのか。

A　いえ、いえ。

だるま　きょうは、なん日かな。

A　へい、へい、きょうは十一月の十二日でございます。

だるま　そうか。それでは、きょうでまる九年、ここにいたわけだな。

A　へい、へい。

だるま　(立ち上がり)鈍骨のおれも、九年で、やっと悟りの道を得られたわけだ。仏さんのおっしゃったことはほんとうだった。ありがたし、ありがたし。

(ふたり、あっけにとられて、見ている)

A　あなたは、つんぼではなかったのですか。

だるま　つんぼではない。

A　さっきの失礼を、どうぞお許しください。

だるま　おまえさんは、わたしに何も悪いことはしなかったじゃないか。

A　それでも、あなたの頭を打ちして。

だるま　ああ、おまえさんだったか。これはどうもありがとう。おまえさんに頭をぶたれたので、わたしは悟りにはいれたのだ。仏さんが、おまえさんにきたりうつって、わたしをぶってくださったのだ。

(若きりっぱな僧侶、ひとり登場、だるまに最敬礼をする)

僧侶　仏さまよりのお告げで、お迎えにまいりました。

だるま　そうか、それなら、いっしょに行こう。(ふたりに気軽におじぎをし)さっきは、どうもありがとう。

(僧侶とだるま、退場。ふたり、あっけにとられて見ている)

---

## ✿ 作者: 武者小路実篤(むしゃのこうじさねあつ) (1885〜1976)

小説家、劇作家。東京生れ。東京大学社会学科中退。『お目出たき人』『幸福者』『友情』『人間万歳』『愛慾』など。『白樺』派、人道主義・理想主義。

### 漢字の読み方

| | | | |
|---|---|---|---|
| 舞台(ぶたい) | 修行(しゅぎょう) | 珍(めずら)しい | 相変(あいか)わらず |
| 聖者(せいじゃ) | 気違(きちが)い | 心願(しんがん) | 無言(むごん) |
| 表情(ひょうじょう) | 飢(う)え死(じ)に | 彫刻(ちょうこく) | 目玉(めだま) |
| 神経(しんけい) | 気(き)の毒(どく) | 不意(ふい) | 便所(べんじょ) |
| 本性(ほんしょう) | 寿命(じゅみょう) | 名誉(めいよ) | 度胸(どきょう) |
| 勇気(ゆうき) | 鈍骨(どんこつ) | 悟(さと)り | 僧侶(そうりょ) |
| 最敬礼(さいけいれい) | 気軽(きがる)に | 退場(たいじょう) | |

## 文型

(1) みんなの言うところだと、白痴(はくち)だろうということになっている。

・彼の話によると、明日は雨だということになってる。

・アメリカでは、女性の社会活動は能力によるということになっている。

・この薬を飲むと、痛みがなくなるということになっている。

・金持ちが天国にはいるのは、難しいということになっている。

(2) 飯を入れてやらなければ、出て食うなんていう考えは、起こらないらしい。

・きたない物を洗って使うなんていう考えは、彼女はしない。

・私の望みなんていうことには、あなたは関心がないでしょう。

・日本のお菓子がこんなにきれいだなんていうことは、全然知りませんでした。

・時間がないなんていうお話は、うそでしょう。

(3) いいとも。

・だいじょうぶとも。

・ほんとうとも。

・あなたはその話を信じますか。信じるとも。

・ソウル市内には車が多いですか。多いですとも。

(4) 声をかけたって聞こえやしないからね。

・いくらけんかをしようとしたって、相手にしてくれない。

・あなたが言ったって彼はきかないでしょう。

・たくさん食べたって、時間が経つとまたお腹がすくものです。

(5) ともかく、逃げられるだけ逃げよう。

・昼休みは遊べるだけ遊ぼう。

・今のうちに見られるだけ見ておくといいです。

・泳げるだけ泳いで、その後舟にのりたいです。

・人間はやれるだけやって、後を天にまかすべきです。

## 熟語

蚊がとまったほどにも思わない　　腰をぬかす

腰が立たない(腰が立つ)　　腰がいうことをきかない

第九課

# 旅について



三木清

ひとはさまざまの理由から旅に上るであろう。或る者は商用のために、他の者は視察のために、更に他の者は休養のために、また或る一人は親戚の不幸を見舞うために、そして他の一人は友人の結婚を祝うために、というように。人生がさまざまであるように、旅もさまざまである。しかしながら、どのような理由から旅に出るにしても、すべての旅には旅としての共通の感情がある。一泊の旅に出る者にも、一年の旅に出る者にも、旅には相似た感懐がある。あたかも、人生はさまざまであるにしても、短い一生の者にも、長い一生の者にも、すべての人生には人生としての共通の感情があるように。

旅に上ることは日常の生活環境を脱けることであり、平生の習慣的な関係から逃れることである。旅の嬉しさはかように解放されることの嬉しさである。ことさら解放を求めてする旅でなくても、旅においては誰も何等か解放された気持になるものである。或る者は実に人生から脱出する目的をもってさえ旅に上るのである。ことさら脱出を欲してする旅でなくても、旅においては誰も何等か脱出に類する気持になるものである。旅の対象としてひとの好んで選ぶものが多くの場合自然であり、人間の生活であっても原始的な、自然的な生活であるというのも、これに関係すると考えることができるであろう。旅におけるかような解放乃至脱出の感情にはつねに或る他の感情が伴っている。即ち旅はすべての人に多かれ少なかれ漂泊の感情を抱かせるのである。解放も漂泊であり、脱出も漂泊である。そこに旅の感傷がある。

漂泊の感情は或る運動の感情であって、旅は移動であることから生ずるといわれるであろう。それは確かに或る運動の感情である。けれども我々が旅の漂泊であることを身にしみて感じるのは、車に乗って動いている時ではなく、むしろ宿に落着いた時である。漂泊の感情は単なる運動の感情ではない。旅に出ることは日常の習慣的な、従って安定した関係を脱することであり、そのために生ずる不安から漂泊の感情が湧いてくるのである。旅は何となく不安なものである。しかるにまた漂泊の感情は遠さの感情なしには考えられないであろう。そして旅は、どのような旅も、遠さを感じさせるものである。この遠さは何キロと計られるような距離に関係していない。毎日遠方から汽車で事務所へ通勤している者であっても、彼はこの種の遠さを感じないであろう。ところがたといそれよりも短い距離であっても、一日彼が旅に出るとなると、彼はその遠さを味うのである。旅の心は遥けさであり、この遥けさが旅を旅にするのである。それだから旅において我々はつねに多かれ少なかれ浪漫的になる。浪漫的心情というのは遠さの感情にほかならない。旅の面白さの半ばはかようにして想像力の作り出すものである。旅は人生のユートピアであるとさえいうことができるであろう。しかしながら旅は単に遥かなものではない。旅はあわただしいものである。鞄一つで出掛ける簡単な旅であっても、旅には旅のあわただしさがある。汽車に乗る旅にも、徒歩で行く旅にも、旅のあわただしさがあるであろう。旅はつねに遠くて、しかもつねにあわただしいものである。それだからそこに漂泊の感情が湧いてくる。漂泊の感情は単に遠さの感情ではない。遠くて、しかもあわただしいところから、我々は漂泊を感じるのである。遠いと定まっているものなら、何故にあわただしくする必要があるであろうか。それは遠いものでなくて近いものであるかも知れない。いな、旅はつねに遠くて同時につねに近いものである。そしてこれは旅が過程であるということを意味するであろう。旅は過程である故に漂泊である。出発点が旅であるのではない、到着点が旅であるのでもない、旅は絶えず過程である。ただ目的地に着くことをのみ問題にして、途中を味うことができない者は、旅の真の面白さを知らぬものといわれるのである。日常の生活において我々はつねに主として到着点を、結果をのみ問題にしている、これが行動とか実践とかいうものの本性である。しかるに旅は本質的に観想的である。旅において我々はつねに見る人である。平生の実践的生活から脱け出して純粋に観想的になり得るということが旅の特色である。旅が人生に対して有する意義もそこから考えることができるであろう。

何故に旅は遠いものであるか。未知のものに向ってゆくことである故に日常の経験においても、知らない道を初めて歩く時には実際よりも遠く感じるものである。仮にすべてのことが全くよく知られているとしたなら、日常の通勤のようなものはあっても本質的に旅というべきものはないであろう。旅は未知のものに引かれてゆくことである。それだから旅には漂泊の感情が伴ってくる。旅においてはあらゆるものが既知であるということはあり得ないであろう。なぜなら、そこでは単に到着点或いは結果が問題であるのでなく、むしろ過程が主要なのであるから、途中に注意している者は必ず何か新しいこと、思い設けぬことに出会うものである。旅は慣習的になった生活形式から脱け出ることであり、かようにして我々は多かれ少なかれ新しくなった眼をもって物を見ることができるようになっており、そのためにまた我々は物において多かれ少なかれ新しいものを発見することができるようになっている。平生見慣れたものも旅においては目新しく感じられるのがつねである。旅の利益は単に全く見たことのない物を初めて見ることにあるのでなく、— 全く新しいといい得るものが世の中にあるであろうか — むしろ平素自明のもの、既知のもののように考えていたものに驚異を感じ、新たに見直すところにある。我々の日常の生活は行動的であって到着点或いは結果にのみ関心し、その他のもの、途中のもの、過程は、既知のものの如く前提されている。毎日習慣的に通勤している者は、その日家を出て事務所に来るまでの間に、彼が何を為し、何に会ったかを恐らく想い起すことができないであろう。しかるに旅においては我々は純粋に観想的になることができる。旅する者は為す者でなくて見る人である。かように純粋に観想的になることによって、平生既知のもの、自明のものと前提していたものに対して我々は新たに驚異を覚え、或いは好奇心を感じる。旅が経験であり、教育であるのも、これに依るのである。

人生は旅、とはよくいわれることである。芭蕉①の『奥の細道』②の有名な句を引くまでもなく、これは誰にも一再ならず迫ってくる実感であろう。人生について我々が抱く感情は、我々が旅において持つ感情と相通ずるものがある。それは何故であろうか。

何処から何処へ、ということは、人生の根本問題である。我々は何処から来たのであるか、そして何処へ行くのであるか。これがつねに人生の根本的な謎である。そうである限り、人生が旅の如く感じられることは我々の人生感情として変ることがないであろう。いったい人生において、我々は何処へ行くのであるか。我々はそれを知らない。人生は未知のものへの漂泊である。我々の行き着く処は死であるといわれるであろう。それにしても死が何であるかは、誰も明瞭に答えることのできぬものである。何処へ行くかという問は、飜って、何処から来たかと問わせるであろう。過去に対する配慮は未来に対する配慮から生じるのである。漂泊の旅にはつねにさだかに捉え難いノスタルジアが伴っている。人生は遠い、しかも人生はあわただしい。人生の行路は遠くて、しかも近い。死は刻々に我々の足もとにあるのであるから。しかもかくの如き人生において人間は夢みることをやめないであろう。我々は我々の想像に従って人生を生きている。人は誰でも多かれ少なかれユートピアンである。旅は人生の姿である。旅において我々は日常的なものから離れ、そして純粋に観想的になることによって、平生は何か自明のもの、既知のものの如く前提されていた人生に対して新たな感情を持つのである。旅は我々に人生を味わせる。あの遠さの感情も、あの近さの感情も、あの運動の感情も、私はそれらが客観的な遠さや近さや運動に関係するものでないことを述べてきた。旅において出会うのはつねに自己自身である。自然の中を行く旅においても、我々は絶えず自己自身に出会うのである。旅は人生のほかにあるのでなく、むしろ人生そのものの姿である。

既にいったように、ひとはしばしば解放されることを求めて旅に出る。旅は確かに彼を解放してくれるであろう。けれどもそれによって彼が真に自由になることができると考えるなら、間違いである。解放というのは或る物からの自由であり、このような自由は消極的な自由に過ぎない。旅に出ると、誰でも出来心になり易いものであり、気粉れになりがちである。人の出来心を利用しようとする者には、その人を旅に連れ出すのが手近かな方法である。旅は人を多かれ少なかれ冒険的にする。しかしこの冒険といえども出来心であり、気粉れであろう。旅における漂泊の感情がそのような出来心の根底にある。しかしながら気粉れは真の自由ではない。気粉れや出来心に従ってのみ行動する者は、旅において真に経験することができぬ。旅は我々の好奇心を活溌にする。けれども好奇心は真の研究心、真の知識欲とは違っている。好奇心は気粉れであり、一つの所に停まって見ようとはしないで、次から次へ絶えず移ってゆく。一つの所に停まり、一つの物の中に深く入ってゆくことなしに、如何にして真に物を知ることができるであろうか。好奇心の根底にあるものも定めなき漂泊の感情である。また旅は人間を感傷的にするものである。しかしながらただ感傷に浸っていては、何一つ深く認識しないで、何一つ独自の感情を持たないでしまわねばならぬであろう。真の自由は物においての自由である。それは単に動くことでなく、動きながら止まることであり、止まりながら動くことである。動即静、静即動というものである。人間到る処に青山あり、という。この言葉はやや感傷的な嫌いはあるが、その真の意義に徹した者であって真に旅を味うことができるであろう。真に旅を味い得る人は真に自由な人である。旅することによって、賢い者はますます賢くなり、愚かな者はますます愚かになる。日常交際している者が如何なる人間であるかは、一緒に旅してみるとよく分るものである。人はその人それぞれの旅をする。旅において真に自由な人は人生において真に自由な人である。人生そのものが実に旅なのである。

---

✿ 作者: 三木清(みききよし) (1897～1945)

哲学者、評論家。兵庫県生れ。京都大学卒。『パスカルにおける人間の研究』『唯物史観と現代の意識』『歴史哲学』『人間学的文学論』『人生論ノート』など。

注

① 松尾芭蕉(まつおばしょう)(1644～1694 / 寛永(かんえい)21～元禄(げんろく)7): 江戸(えど)前期の俳人。1684年(貞享(じょうきょう)・元)、初めて旅に出て、風雲の中に真の詩境を発見し、閑寂の美を重んじた独自の俳風「蕉風」を開いた。

② 『奥(おく)の細道(ほそみち)』: 1702年刊行。芭蕉の代表的な俳文紀行文。奥羽(おうう)、北陸(ほくりく)を巡っての七か月の長旅を簡潔な文章で描きつくした傑作。

## 漢字の読み方

| | | | |
|---|---|---|---|
| 更に（さら） | 相似る（あいに） | 脱ける（ぬ） | 平生（へいぜい） |
| 逃れる（のが） | 或る（あ） | 欲する（ほっ） | 乃至（ないし） |
| 漂泊（ひょうはく） | 湧く（わ） | 遠方（えんぽう） | 遥かな（はる） |
| 鞄（かばん） | 本性（ほんしょう） | 思い設ける（おも・もう） | 目新しい（め・あたら） |
| 一再ならず（いっさい） | 何故（なにゆえ） | 何処（どこ） | 謎（なぞ） |
| 飜る（ひるがえ） | 捉え難い（とら・がた） | 既に（すで） | 出来心（でき・ごころ） |
| 気紛れ（きまぐ） | 根底（こんてい） | 如何に（いか） | 動即静（どうそくせい） |
| 嫌い（きら） | | | |

## 文型

(1) たといそれよりも短い距離であっても……

・たとい雨が降っても試合はつづける。

・たとい悪口を言われてもやりたいことはやる。

・たといお金がかかっても推し進めるべきだ。

・たとい高いものであっても買うつもりです。

・たとい失敗してもがっかりしない。

(2) 遠さの感情にほかならない。

・努力の結実にほかならない。

・人質を差し出すということは敵に屈服したことにほかならない。

・雪解けは春が近いことを示す事実にほかならない。

・私が今話したことは、この本に書いてあることをわかりやすく説明したにほかならない。

・あの好意は計算によるにほかならない。

(3) 既知のものの如く前提されている。

・光陰矢の如し。

・過ぎたるは及ばざるが如し。

・かくのごとき例は見たことはない。

・次の如く知られている。

・自分の意見ででもあるかの如く言う。

(4) 有名な句を引くまでもなく……

・これ以上聞くまでもない。

・わざわざ来るまでもないことだ。

・そんなことであやまるまでもない。

・金さんの会社は、さがすまでもなく、すぐに分かった。

・そんな事は考えるまでもなく、だれにでも分かるはずだ。

## 熟語

人間到(いた)る処に青山(せいざん)あり

第十課

# 日本文化の根底にあるもの



石田英一郎

「日本文化は雑種文化である」などと、よく評論家が言います。確かに現象的には、そのように評されても、あながちまちがいであるとは言い切れません。たとえば、日本人は、神社の拝殿の前でかしわ手を打ったその手で、仏像にも合掌します。クリスチャンでもない人々が、クリスマスのパーティーを行っています。

このような現象は、日本人の性格や物の考え方に大きくかかわっています。日本人は、古来、珍しいもの、役に立つものは、精力的に採り入れてきました。しかし、日本人がすべての外来文化を無差別に受容し模倣したと考えるのは事実に反します。かつて、日本人は、漢字や仏教、その他もろもろの大陸文化を輸入しましたが、その、一見、盲目的な追随と模倣の裏には、案外、根強い抵抗と選択が行われていたと考えます。たとえば仏教にしても儒教にしても、それぞれ、インド・中国に発生したそのままのものではなく、日本人の生活に適応するように変容させました。わたしは、こうした過程の中に、何か民族の個性・主体性といったものを感ぜずにはおられません。

このような外来文化の摂取のしかたは、民族としての独立性を前提として可能になったものであると考えます。そして、独立性の保持を可能にしたものは、日本列島の置かれた特殊な地理的・歴史的条件によるものです。周囲が海であるということが、異民族の侵入や征服を防ぐことができました。

したがって、この大陸から隔離された島国の中で、雑種文化と言われながらも、独自の文化の形成が容易であったわけです。

どころで、文化というものは、先にも触れたように、民族の性格や物の考え方、つまり民族の個性が色濃く反映しているものです。ここで、ある一つの民族の個性がいつできたのかという問題を、個人の持つ個性にたとえて考えてみましょう。かなり多くの心理学者や人類学者は、個人の一生を通じて変わりにくい、いわばコア(核心)になるようなパ一ソナリティ一(個性)は、人間の幼少年期に形成されると言っています。そして、いったん形成されたコア一パ一ソナリティ一は、その個体の死に至るまで存続するとも言っています。

したがって、民族の個性の形成の問題は、その民族が民族として形成された特定の時代の状況にまでさかのぼって理解すべきでしょう。

それでは、いったいいつごろから、日本民族としてわれわれの識別しうる民族集団が現れたのでしょうか。たとえば奈良朝時代①には、明らかに文献が残っていますし、この時代のことばが今日の日本語と連なることも、その当時の日本人が今日の日本人の先祖であることも、疑う人はいないと思います。しかし、もっとさかのぼって、どこまで日本人の祖先が確認できるかという問題になると、わたしは考古学者の言う弥生式文化の時代を、一つの大きな手がかりとして考えています。

この弥生時代は、内わに見積もって、紀元前二百年ごろからほぼ紀元後三百年ぐらいまで、約五世紀の長さを占めています。われわれがこの時代に確認できる大きな事実は、二つあります。

その第一は、日本民俗学でも中心問題になっている稲作農耕です。稲作農耕を初めとして、最近の電化時代にはいる直前までの日本の農村生活をささえていた基礎的な生活技術は、ほとんどすべてこの弥生時代の間に完成します。第二は、この時代の人々の話していたことばは、奈良時代から今日まで続いている日本語と同じことばであるということです。

以上の二つの根拠に基づいて、わたしは、弥生時代には、ほぼ確実に今日の日本人と同じ日本人として識別しうる民族が日本列島に住んでいた、と言えると思います。

したがって、日本文化はその源流として、水田耕作を行う稲作文化という特質を持っていることになります。これは、最初から最後までついて回る基本的な問題ではないかと思っています。水田耕作の行われる地帯は、今ではニューギニア近くまで広がっていますが、大体、インドネシア一帯・東南アジア・インド・中国大陸南部・日本・朝鮮半島南部といった地域であります。歴史的には中国大陸南部が中心です。以上のような、非常に暖かく、湿潤な空気が季節的に雨を降らす、いわゆるモンスーン地帯②と呼ばれる特殊な地帯を中心として稲作農耕が広がったことは、歴史的に証明できます。もちろん、そのモンスーン地帯からはみ出て、若干の稲作が中国大陸北部や東北部にも最近はいっています。技術が進めば、風土的な条件はそれだけ克服できるからです。現在では北海道でも水田を作っていますが、本来の日本民族の水田耕作地帯は、大体、モンスーンの圏内にあります。

つまり、日本人は湿潤な環境の中で、高い技術と強い根気で稲を育て上げてきたのですが、湿潤であったことは、「魏志倭人伝」③に、「倭の土地は非常に温暖で、冬も夏もなまの野菜を食べている。」といった記述が見られることによっても明らかです。また、「牛・馬・羊という家畜がいない。」と書いてあるように、日本の生活の中には、牧畜というものは定着していませんでした。もちろん肉は食べたでしょうが、生活の基礎として、食糧資源としての牧畜が行われるようになったのは、明治④以後になって、ヨーロッパ文明が日本にはいってからのちのことです。

---

✿ 作者: 石田英一郎(いしだえいいちろう) (1903～1968)

文化人類学者。大阪府生れ。オーストリアのウィーン大学修了。『河童駒引考』『桃太郎の母』『文化人類学ノート』『人間を求めて』など。

## 注

① 奈良[朝]時代: 710～794。平城京(奈良)が首都であった85年間の時期。

② モンスーン地帯: 季節風地帯。

③ 魏志倭人伝: 中国魏国(220～265)の史書。

④ 明治: 明治維新(1868年)から1912年までの年号。

## 漢字の読み方

| | | | |
|---|---|---|---|
| 合掌(がっしょう) | 採(と)り入(い)れる | 模倣(もほう) | 輸入(ゆにゅう) |
| 追随(ついずい) | 儒教(じゅきょう) | 摂取(せっしゅ) | 列島(れっとう) |
| 島国(しまぐに) | 触(ふ)れる | 連(つら)なる | 見積(みつ)る |
| 稲作(いなさく) | 湿潤(しつじゅん) | 若干(じゃっかん) | 土地(とち) |
| 温暖(おんだん) | | | |

## 文型

(1) 個人の一生を通じて変わりにくい。

・スパゲッティはとても食べにくい。

・歩きにくそうに見える。

・なんて書きにくいボールペンだ。

・彼女の字はとても読みにくいですね。

・フランス語の鼻音は発音しにくい。

(2) 特定の時代の状況にまでさかのぼって理解すべきでしょう。

・やるべきことはちゃんとやりなさい。

・悪いと思ったらすぐあやまるべきだ。

・これは子供の見るべきものではない。

・食事はしっかり取るべきである。

・美術館といっても名ばかりで見るべきものは何もない。

(3) 食糧資源としての牧畜が行われるようになったのは……

・赤ちゃんが歩けるようになりました。

・泳げるようになったのは全て父のおかげです。

・こちらの気持ちがわかってもらえるようになりました。

・あの人は日本人のように上手に日本語を話せるようになりました。

・ようやく認められるようになった。

# 第十一課

# 友情の杯



星新一

ある病院の一室。ひとりの老人がベッドに横たわっていた。立派な個室であり、看護婦はずっとつきっきりだった。

これでわかるように、老人はかなりの財産家であった。もっとくわしくいえば、彼は大きな薬品会社の会長であった。これまで順調で満足すべき人生を送ってきており、功成り名とげた状態といっていい。そのためか、彼は死期の近いことを自分でも知ってはいたが、べつに未練がましいことも口にせず、落ち着いていた。

老人は横になったまま声を出した。

「なあ……」

「はい。なんでしょうか」

そばの椅子にかけていた若い看護婦は、すぐに答えて立ちあがった。老人は低い声でいった。

「ひとつ、わたしの最後のたのみを聞いてはくれまいか」

「もちろん、なんでもいたしますわ。だけど、最後だなんておっしゃってはいけませんわ」

「元気づけてくれる気持ちはありがたいが、もうそう長くないことは、わたしもよく知っているよ」

「でも……」

といいかけたが、看護婦はあとどう答えていいかわからず、言葉をにごした。

「困らせてしまったようだな。そんなつもりではなかったのだが。しかし、正直なところ、わたしは充分に人生を楽しみ、けっこう長生きをした。もはや、思い残すこともないのだよ。ただひとつのことを除いて……」

「なんなのでしょうか」

彼女は好奇心もあって聞いた。

「べつにむずかしいことはない。それを手伝ってもらいたいのだ」

「あたしにできることでしたら」

「入院する時に持ってきた品のなかに、洋酒の古いびんがあったはずだ。さがしてもらいたい」

看護婦は室のすみのほうへ行き、手に持って戻ってきた。

「これでございますか。ずいぶん古く、ラベルもすっかり変色してしまって……」

「そう、それだ。ひとくちでいいから、それを飲ませてもらいたいのだ」

老人は目を細め、高価な秘宝に接するような表情で、びんを見つめた。しかし、看護婦は少し当惑した。

「だけど、お酒はおからだによくありませんわ」

「飲まなかったからといって、ずっと生きられるというわけでもあるまい。生きているうちに、それを飲みたいのだ。いや、飲まねばならぬのだ。それが最後の望みだ……」

押し問答が重ねられた。老人のあまりの熱心さに彼女は応答に困り、室を出ていった。担当医に相談に行ったのだろう。やがて、戻ってきていった。

「一杯ぐらいでしたら……」

一杯ぐらいなら病状も悪化しないというのか、こうなったら好きなようにさせたらいいというのか、いずれの理由からかはわからなかった。

「ああ、それでいい。ありがとう」

老人はうれしそうだった。洋酒の栓があけられ、小さなグラスにつがれた。それをさし出しながら、彼女はいった。

「なにかいわれがありそうですのね」

「その話は、飲みながらしよう。しかし、その前に残りの酒を捨て、びんのなかを洗ってくれ」

看護婦はふしぎがりながらも、それに従った。彼女はきれいになったびんを示しながら聞いた。

「なんだか、ほかの人には一滴も飲まれたくない、といった感じですね」

「そうなのだ。これは、わたしの結婚を祝って、友人からおくられた酒なのだ」

「ロマンチックなお話なのでしょうか」

「そういえるかどうか」

老人は回想するような表情になって「ずっと昔のことなのだが、入社して以来、わたしには一人のライバルがあった。才能の点でも、わたしと優劣がつけがたい男だった。あるいは、わたしよりすぐれていたかもしれない。若さのためもあり、おたがいに意識し、ことごとに競いあったものだ。仕事に関してだけでなく、会社の創立者の娘との交際も、火花を散らさんばかりに争ったものだ……」

老人は酒を半分ほど飲み、また話した。

「……創立者は彼のほうを買っていたようだが、娘はわたしのほうに好意を寄せてくれた。それがきめてになったのだろう、わたしが勝利者となった」

「忘れられない思い出でしょうね。でも、そのお友だちのかたは、さぞがっかりなさったことでしょう」

「もちろん、そうだ。彼は気が抜けたような、思いつめたような様子で、しばらくは目つきもおかしいほどだった」

ありふれた恋物語だったが、看護婦はその先を聞きたがった。

「そのかたは、それからどうなさったのでしょうか」

「社をやめるのではないかと、わたしは思った。他の会社に移っても、いくらでも活躍できる実力の持ち主だったのだから。わにしだったら、そうしただろう。だが、彼はやめなかった。それどころか、ある日わたしの家を訪れ、婚約の成立を祝って、この酒を置いていった。すべてを水に流そうといった態度だったな」

「和解できてよかったですわね」

「いや、ただの和解以上だ。それからは、彼は人が変ったようになった。創立者の娘との結婚でわたしのほうが昇進が早くなったわけだが、彼はいつも従順にわたしを立て、じつによく努力してくれた。会社が発展をつづけ、これまでになったのも、彼によるところが非常に大きい」

老人はグラスをちょっとあげ、感謝の乾杯をするように、残りの酒を少し飲んだ。

「本当にいいお話ですわ。男のかたの友情って、さっぱりとしていて、強くて……」

「そういえるかどうかが問題なのだよ。彼の性格が、あまりにも急に変りすぎたとは思わないかね。また、その酒をわたしがすぐには飲まず、いままで取っておいた。なぜだろうかと不審には思わないかね」

老人に注意され、看護婦は少し考えた。そして、病院につとめているせいか、やがてあることに気づいた。彼女は思わずそれを口にした。

「毒……」

しかし、その時には、すでに老人は残りの酒を飲みほしてしまっていた。

「そう。ということも考えられるわけだよ。薬品会社という商売柄、その気になれば、効果的な毒薬について調べることも、それを入手することも、普通の人よりはずっと簡単にできたのだからな」

看護婦は眉をひそめ、少しふるえた。

「こわいお話ですのね……」

「しかし、わたしのほうもその気になれば、モルモットに与えてみることもできた。また、試薬をそろえて、ゆっくり分析して調べることもできる」

「それで、毒はどうでしたの」

当然だれでも聞きたいところだった。だが、老人は即答せず、話をずらした。

「この場合、毒を入れた当人は、どんな気持ちになるだろうか」

「そうですわね、あなたが死ななかったのですから、計画が発覚したことに気がつく。あわてて逃げるかしら。でも、すぐに手配されてしまう。覚悟をきめるか、どんな目にあわされるかと、びくびくしつづけ……」

彼女は考え考えしながら、ここまで言った。老人はその先を、もどかしそうにひきついだ。

「そんなところだろう。殺人計画の証拠を、相手に渡してしまった形なのだ。なにしろ、わたしに大変な弱味をにぎられたことになる。わたしから逃げることはできず、一生のあいだ、わたしのために必死に働くことになる」

「殺人計画もいけないけど、かわいそうになってきますわ。どんな人生なんでしょう。こんな残酷なことってないんじゃないかしら。本当にそれをおやりになったの。そうなんでしょうね。事業で成功なさるには、それぐらいのことは…」

看護婦は非難するような鋭い目つきになった。しかし、老人は首をふった。

「そうきめつけられては困る。わたしは分析をしたとは言っていない。じつは、調べてみなかったのだ。また、このことに関する会話を彼としたことはなかった。その彼も数年前に死んでしまった。つまり、きょうまで毒の有無について、わたしは知らなかったのだ」

「調べてごらんになる気には…」

「それは大変な賭けだよ。彼が真の友情の持ち主なのか、わたしへの憎悪に燃えた人間なのか。すぐに決定が出てしまう。わたしにはやってみる勇気がなかった。前者の場合には、わたしは彼の崇高な人格の前に恥じつづけねばならず、とてもいっしょに仕事をやって行くことはできない。後者の場合には、わたしは悪魔のような心境になり、復讐のために限りなくこきつかっただろう。あなただったら、どうする」

「さあ…」

「やはり迷うだろう。わたしもそうだった。迷いつづけでわからないまま、いや、わからないからこそ、親しい友として一生つきあってこられたのではないだろうか。ある時は彼を尊敬し、ある時は彼をあざ笑いたくなり、その交錯のなかで別れることなくつきあいつづけてきた。他人にはわたしたちが無二の仲間に見えたことだろう。しかし、友情のなかにも、こんなものがあるというわけだよ。あるいは、友情とは本来こんなものなのかもしれない」

「でも、わからずじまいというのも……」

わからずじまいではない。友情のきずなともいうべきその酒を、いま、わたしが口にした。まもなく答えがわかるだろう……

老人は舌の先でグラスの内側をなめていた。彼女はどう扱ったものかすぐにはわからず、だまって立ちつづけていた。

そのうち老人は苦しそうな様子になった。看護婦の連絡で、担当の医師がかけつけてきて老人に聞いた。

「どうなのです、ご気分は……」

「いや、もうなにも聞かないでくれ」

いつもは医師に協力的な老人だったが、いまは答えることをかたくなにこばんだ。病気の発作なのだろうか。酒のアルコール分がやはりいけなかったのか。なぞの解答を知ったことのショックなのか。それとも酒に含まれていた成分のためなのか。それを他人に知られたくないようなふうでもあった。友情の答えは、自分の心に秘めてあの世に持ち去ろうとするかのように……。

医者はどう手当てしていいのかわからず、ためらってから注射をうった。しかし、そのききめもなく、老人の息づかいは弱くなっていった。

看護婦は顔を近づけ、老人の表情からなにかを読みとろうとした。だが、それはあまりにも複雑で、まだ若い彼女の手にあまるものだった。

---

✿ 作者: 星新一(ほししんいち) (1926〜1997)

小説家。東京生れ。東京大学農芸化学科卒。『人造美人』『セキストラ』『おーい・でてこーい』『きまぐれ指数』など。

## 漢字の読み方

| | | | |
|---|---|---|---|
| 横(よこ)たわる | 秘宝(ひほう) | 当惑(とうわく) | 押(お)し問答(もんどう) |
| 悪化(あっか) | 優劣(ゆうれつ) | 恋物語(こいものがたり) | 持(も)ち主(ぬし) |
| 商売柄(しょうばいがら) | 即答(そくとう) | 弱味(よわみ) | 鋭(するど)い |
| 憎悪(ぞうお) | 崇高(すうこう) | 交錯(こうさく) | 内側(うちがわ) |
| 発作(ほっさ) | 手当(てあ)て | | |

## 文型

(1) べつに未練がましいことも口にせず、落ち着いていた。

・言いわけがましいことばかり言っている。

・差し出がましい口をきく。

・弁解がましいところはちっともなかった。

・未練がましいことを言う。

(2)「なにかいわれがありそうですのね」

・老人はその先をもどかしそうにひきついだ。

・今にも降ってきそうな空模様ですよ。

・高い本だったけれど、おもしろそうな題だったので、つい買ってしまった。

・永井さんはこのごろ暇そうだから、テニスに誘ったら、喜んでやって来ると思うよ。

(3) 看護婦は、ふしぎがりながらも、それに従った。

・うれしがらせてやろう。

・あの人は変わっていますよ。これを見てみんながおもしろがっているのに、少しもおもしろがりませんから。

・彼は照れくさがりもせず彼女にむかって振りまいた。

・あの人は、ほんとうは気がよわいんです。強がっているだけです。

第十二課

# 詩三編

中原中也、室生犀星、宮沢賢治

## 一つのメルヘン

中原中也

秋の夜は、はるかの彼方に、
小石ばかりの、河原があって、
それに陽は、さらさらと
さらさらと射してゐるのでありました。

陽といつても、まるで硅石か何かのやうで、
非常な個体の粉末のやうで、
さればこそ、さらさらと
かすかな音を立ててもゐるのでした。

さて小石の上に、今しも一つの蝶がとまり、

淡い、それでゐてくつきりとした
影を落としてゐるのでした。

やがてその蝶がみえなくなると、いつのまにか、
今迄流れてもゐなかつた川床に、水は
さらさらと、さらさらと流れてゐるのでありました

中原中也『在りし日の歌』(1948年)

## 小景異情

室生犀星

その二

ふるさとは遠きにありて①思ふもの
そして悲しくうたふもの
よしや②
うらぶれて③異土④の乞食となるとても
帰るところにあるまじや⑤
ひとり都⑥のゆふぐれに
ふるさとおもひ涙ぐむ
そのこころもて
遠きみやこにかへらばや⑦

遠きみやこにかへらばや

その三

銀の時計をうしなへる
こころかなしや
ちよろちよろ川の橋の上
橋にもたれて泣いてをり

その五

なににこがれて書くうたぞ
一時にひらくうめすもも
すもも[8]の蒼さ身にあびて
田舎暮しのやすらかさ
けふも母ぢやに叱られて
すもものしたに身をよせぬ

## 雨ニモマケズ

宮沢賢治

雨ニモマケズ
風ニモマケズ

雪ニモ夏ノ暑サニモマケヌ
丈夫ナカラダヲモチ
欲ハナク
決シテイカラズ
イツモシズカニワラッテイル
一日ニ玄米四合ト
味噌ト少シノ野菜ヲタベ
アラユルコトヲ
ジブンヲカンジョウニ入レズニ
ヨクミキキシワカリ
ソシテワスレズ
野原ノ松ノ林ノ陰ノ
小サナ萱ブキノ小屋ニイテ
東ニ病気ノコドモアレバ
行ッテ看病シテヤリ
西ニツカレタ母アレバ
行ッテソノ稲ノ束ヲ負イ
南ニ死ニソウナ人アレバ
行ッテコワガラナクテモイイトイイ
北ニケンカヤソショウガアレバ
ツマラナイカラヤメロトイイ
ヒデリノトキハナミダヲナガシ
サムサノナツハ①オロオロアルキ
ミンナニデクノボー②トヨバレ
ホメラレモセズ
クニモサレズ

ソウイウモノニ
ワタシハ
ナリタイ

---

## 一つのメルヘン

✿ 作者: 中原中也(なかはらちゅうや) (1907～1937)

詩人。山口県生れ。立命館中学校在学の時、小林秀雄と文学的交流。詩集『山羊の歌』『ありし日の歌』など。前衛文学の影響、四季派。

### 漢字の読み方

| | | | |
|---|---|---|---|
| 彼方(かなた) | 河原(かわら) | 陽(ひ) | 射(さ)す |
| 硅石(けいせき) | 淡(あわ)い | 今迄(いままで) | 川床(かわどこ) |

## 小景異情

✿ 作者: 室生犀星(むろうさいせい) (1889～1962)

詩人・小説家。金沢市生れ。金沢高等小学校三年中退。詩集『抒情小曲集』『寂しき都会』、小説『性にめざめる頃』『あにいもうと』など。

## 注

① 遠きにありて: 遠く故郷を離れたところにいて。

② よしや: たとい。

③ うらぶれて: おちぶれて。

④ 異土: 異郷。

⑤ あるまじや: あるまいよ。ないだろうよ。

⑥ 都: 故郷を遠く離れた都会。ここでは東京。作者は明治四三年(1910)五月はじめて上京した。

⑦ かへらばや: 帰りたいものだ。「ばや」は願望の終助詞。

⑧ すもも: バラ科の落葉高木。春、白い花が咲き、まるい実をむすぶ。実は食用。

## 漢字の読み方

小景異情(しょうけいいじょう)　異土(いど)　乞食(こじき)　蒼(あお)さ

田舎暮(いなかぐら)し

# 雨ニモマケズ

✿ 作者: 宮沢賢治(みやざわけんじ) (1861～1933)

詩人、童話作家。岩手県生れ。盛岡高等農林学校卒。詩集『春と修羅』。童話『銀河鉄道の夜』『グスコーブドリ伝記』など。

## 注

① 東北地方に多い冷害の夏。

② でく。くぐつ。役に立たぬ人。

## 漢字の読み方

味噌(みそ)　萱(かや)ブキ　稲(いね)　束(たば)

負(お)う

## 熟語

音を立てる　苦にする

第十三課

# ア、秋



太宰治

本職の詩人ともなれば、いつどんな注文があるか、わからないから、常に詩材の準備をして置くのである。

「秋について」という注文が来れば、よし来た、と「ア」の部の引き出しを開いて、愛、青、赤、アキ、いろいろのノオトがあって、そのうちの、あきの部のノオトを選び出し、落ちついてそのノオトを調べるのである。

トンボ。スキトオル。と書いてある。

秋になると、蜻蛉も、ひ弱く、肉体は死んで、精神だけがふらふら飛んでいる様子を指して言っている言葉らしい。蜻蛉のからだが、秋の日ざしに、透きとおって見える。

秋ハ夏ノ焼ケ残リサ。と書いてある。焦土である。

夏ハ、シャンデリヤ。秋ハ、灯籠。とも書いてある。

コスモス、無残。と書いてある。

いつか郊外のおそばやで、ざるそば待っている間に、食卓の上の古いグラフを開いて見て、そのなかに大震災の写真があった。一面の焼野原、市松の浴衣着た女が、たったひとり、疲れてしゃがんでいた。私は、胸が焼き焦げるほどにそのみじめな女を恋した。おそろしい情慾をさえ感じました。

悲惨と情慾とはうらはらのものらしい。息がとまるほどに、苦しかった。枯野のコスモスに行き逢うと、私は、それと同じ痛苦を感じます。秋の朝顔も、コスモスと同じくらいに私を瞬時窒息させます。

秋ハ夏ト同時ニヤッテ来ル。と書いてある。

夏の中に、秋がこっそり隠れて、もはや来ているのであるが、人は、炎熱にだまされて、それを見破ることが出来ぬ。耳を澄まして注意をしていると、夏になると同時に、虫が鳴いているのだし、庭に気をくばって見ていると、桔梗の花も、夏になるとすぐ咲いているのを発見するし、蜻蛉だって、もともと夏の虫なんだし、柿も夏のうちにちゃんと実を結んでいるのだ。

秋は、ずるい悪魔だ。夏のうちに全部、身支度をととのえて、せせら笑ってしゃがんでいる。僕くらいの炯眼の詩人になると、それを見破ることができる。家の者が、夏をよろこび海へ行こうか、山へ行こうかなど、はしゃいで言っているのを見ると、ふびんに思う。もう秋が夏と一緒に忍び込んで来ているのに。秋は、根強い曲者である。

怪談ヨロシ。アンマ。モシ、モシ。

マネク、ススキ。アノ裏ニハキット墓地ガアリマス。

路問エバ、オンナ唖ナリ、枯野原。

よく意味のわからぬことが、いろいろ書いてある。何かのメモのつもりであろうが、僕自身にも書いた動機が、よくわからぬ。

窓外、庭ノ黒土ヲバサバサ這イズリマワッテイル醜キ秋ノ蝶ヲ見ル。並ハズレテ、タクマシキガ故ニ、死ナズ在リヌル。決シテ、ハカナキ態ニハ非ズ。と書かれてある。

これを書きこんだときは、私は大へん苦しかった。いつ書きこんだか、私は決して忘れない。けれども、今は言わない。

捨テラレタ海。と書かれてある。

秋の海水浴場に行ってみたことがありますか。なぎさに破れた絵日傘が打ち寄せられ、歓楽の跡、日の丸の提灯も捨てられ、かんざし、紙屑、レコオドの破片、牛乳の空瓶、海は薄赤く濁って、どたりどたりと浪打っていた。

緒方サンニハ、子供サンガアッタネ。

秋ニナルト、肌ガカワイテ、ナツカシイワネ。

飛行機ハ、秋ガ一バンイイノデスヨ。

これもなんだか意味がよくわからぬが、秋の会話を盗み聞きして、そのまま書きとめて置いたものらしい。

また、こんなのも、ある。

芸術家ハ、イツモ、弱者ノ友デアッタ筈ナノニ。

ちっとも秋に関係ない、そんな言葉まで、書かれてあるが、或いはこれも、「季節の思想」といったようなわけのものかも知れない。

その他、

農家。絵本。秋ト兵隊。秋ノ蚕。火事。ケムリ。オ寺。

ごたごた一ぱい書かれてある。

太宰治「ア、秋」『若草』
(筑摩書房, 1939)

---

✿ 作者: 太宰治(だざいおさむ) (1909～1948)

小説家。青森県津軽生まれ。東京大学仏文科中退。代表作『晩年』『斜陽』『人間失格』など。

## 漢字の読み方

| | | | |
|---|---|---|---|
| 本職（ほんしょく） | 蜻蛉（とんぼ） | 肉体（にくたい） | 精神（せいしん） |
| 焦土（しょうど） | 灯籠（とうろう） | 無残（むざん） | 大震災（だいしんさい） |
| 焼野原（やけのはら） | 市松（いちまつ） | 浴衣（ゆかた） | 情慾（じょうよく） |
| 悲惨（ひさん） | 枯野（かれの） | 痛苦（つうく） | 朝顔（あさがお） |
| 瞬時（しゅんじ） | 窒息（ちっそく） | 炎熱（えんねつ） | 桔梗（ききょう） |
| 悪魔（あくま） | 身支度（みじたく） | 炯眼（けいがん） | 根強（ねづよ）い |
| 曲者（くせもの） | 怪談（かいだん） | 墓地（ぼち） | 窓外（そうがい） |
| 黒土（こくど） | 這（は）い | 態（てい） | 海水浴場（かいすいよくじょう） |
| 絵日傘（えひがさ） | 歓楽（かんらく） | 提灯（ちょうちん） | 紙屑（かみくず） |
| 破片（はへん） | 空瓶（あきびん） | 緒方（おがた） | 弱者（じゃくしゃ） |
| 筈（はず） | 農家（のうか） | 兵隊（へいたい） | 蚕（かいこ） |
| 火事（かじ） | | | |

## 文型

(1) 本職の詩人<u>ともなれば</u>、いつどんな注文があるか、わからないから、常に詩材の準備をして置くのである。

・公の場ともなれば、誰に見られているか分からないから自律心を常に持つのである。

・電話応対の仕事ともなれば、果たして何を聞かれるかと緊張のしどおしだ。

・料理の達人ともなれば、出された料理をほんの少し口にしただけで調味料を言い当てる。

・長い付き合いともなれば、顔を見ただけで何を考えているか分かる。

(2) 何かのメモのつもりであろうが、僕自身にも書いた動機が、よくわからぬ。

・いったい何が動機であろうが、君を許すつもりはない。

・社交辞令で言った言葉であろうが、それにしても全く心が込められていない気がする。

・言い繕ったつもりであろうが、誰の目もごまかせない。

・いずれ役に立つと長い間保管しておいた物であろうが、時代の変化に伴い不要と化してしまった。

### 熟語

耳をすます　　気をくばる

第十四課

# 侏儒の言葉



芥川龍之介

## 「侏儒の言葉」の序

「侏儒の言葉」は必ずしもわたしの思想を伝えるものではない。ただわたしの思想の変化を時々うかがわせるのにすぎぬものである。一本の草よりも一すじの蔓草、―しかもその蔓草は幾すじも蔓を伸ばしているかもしれない。

## 侏儒の祈り

わたしはこの綵衣①を纏い、この筋斗②の戯を献じ、この太平を楽しんでいれば不足のない侏儒でございます。どうかわたしの願いをおかなえ下さいまし。

どうか一粒の米すらないほど、貧乏にして下さいますな。どうかまた熊掌③にさえ飽き足りるほど、富裕にもして下さいますな。

どうか採桑④の農婦すら嫌うようにして下さいますな。どうかまた後宮の麗人さえ愛するようにもして下さいますな。

どうか菽麦すら弁ぜぬほど、愚昧にして下さいますな。どうかまた雲気[⑤]さえ察するほど、聡明にもして下さいますな。

とりわけどうか勇ましい英雄にして下さいますな。わたしは現に時とすると攀じがたい峰の頂を窮め、越えがたい海の波を渡り—いわば不可能を可能にする夢を見ることがございます。そういう夢を見ている時ほど、空恐ろしいことはございません。わたしは竜と闘うように、この夢と闘うのに苦しんでおります。どうか英雄とならぬように—英雄の志を起こさぬように力のないわたしをお守り下さいまし。

わたしはこの春酒に酔い、この金縷[⑥]の歌を誦し、この好日を喜んでいれば不足のない侏儒でございます。

## 人 生

— 石黒定一君に —

もし遊泳を学ばないものに泳げと命ずるものがあれば、何人も無理だと思うであろう。もしまたランニングを学ばないものに駆けろと命ずるものがあれば、やはり理不尽だと思わざるを得まい。しかし我々は生まれた時から、こういうばかげた命令を負わされているのも同じことである。

我々は母の胎内にいた時、人生に処する道を学んだであろうか? しかも胎内を離れるが早いか、とにかく大きい競技場に似た人生の中に踏み入るのである。もちろん遊泳を学ばないものは満足に泳げる理屈はない。同様にランニングを学ばないものはたいてい人後に落ちそうである。すると我々も創痍を負わずに人生の競技場を出られるはずはない。

なるほど世人は言うかもしれない。「前人の跡を見るがよい。あそこに君たちの手本がある」と。しかし百の遊泳者や千のランナーをながめたにしろ、たちまち遊泳を覚えたり、ランニングに通じたりするものではない。のみならずその遊泳者はことごとく水を飲んでおり、そのまたランナーはひとり残らず競技場の土にまみれている。見たまえ、世界の名選手さえたいていは得意の微笑のかげに渋面を隠しているのではないか?

人生は狂人の主催に成ったオリンピック大会に似たものである。⑦ 我々は人生と闘いながら、人生と闘うことを学ばねばならぬ。こういうゲームのばかばかしさに憤慨を禁じ得ないものはさっさと埒外に歩み去るがよい。自殺もまた確かに一便法である。しかし人生の競技場に踏みとどまりたいと思うものは創痍を恐れずに闘わなければならぬ。

また

人生は一箱のマッチに似ている。⑧ 重大に扱うのはばかばかしい。重大に扱わなければ危険である。

また

人生は落丁の多い書物に似ている。⑨ 一部を成すとは称しがたい。しかしとにかく一部を成している。

## 瑣 事

人生を幸福にするためには、日常の瑣事を愛さなければならぬ。雲の光、竹のそよぎ、群雀の声、行人の顔、— あらゆる日常の瑣事のうちに無上の甘露味⑩を感じなければならぬ。

人生を幸福にするためには? — しかし瑣事を愛するものは瑣事のために苦しまなければならぬ。庭前の古池に飛びこんだ蛙は百年の愁いを破った⑪であろう。が、古池を飛び出した蛙は百年の愁いを与えたかもしれない。いや、芭蕉⑫の一生は享楽の一生であるとともに、だれの目にも受苦の一生である。我々も微妙に楽しむためには、やはりまた微妙に苦しまなければならぬ。

人生を幸福にするためには、日常の瑣事に苦しまなければならぬ。雲の光、竹のそよぎ、群雀の声、行人の顔、―あらゆる日常の瑣事のうちに堕地獄の苦痛⑬を感じなければならぬ。

---

✿ 作者: 芥川龍之介(あくたがわりゅうのすけ) (1892～1927)

小説家。東京生れ。東京大学英文科卒。『羅生門』『鼻』『戯作三昧』『蜘蛛の糸』『地獄変』『芋粥』『偸盗』『河童』『歯車』など。理知主義。

注

① 綵衣: 色どった衣服。

② 筋斗の戯: とんぼがえり。

③ 熊掌: くまの手のひら。非常に美味で。八珍の一つ。

④ 採桑: 桑をつむこと。

⑤ 雲気: 空に立ちのぼる異様の気。

⑥ 金縷の歌: 金の糸のように美しい歌。

⑦ 人生は狂人の主催に成ったオリンピック大会に似たものである: 不合理に満ちたものである。

⑧ 人生は一箱のマッチに似ている。: 人生はとるにたらぬものであるが、一度まちがえば恐ろしい結果を引き起こす。

⑨ 人生は落丁の多い書物に似ている。: 外から見れば一つの形を整えてはいるが、内容はでたらめな不完全なものである。

⑩ 無上の甘露味: 美味ここでは、幸福感の意。

⑪ 庭前の古池に飛びこんだ蛙は百年の愁いを破った: 芭蕉の俳句「古池や蛙飛びこむ水の音」による。長い間もっていた悩みを打ち破って新しい境地を得た。

⑫ 芭蕉: 第三課 注②参照。

⑬ 堕地獄の苦痛: 日常の瑣事から受ける苦しみを「堕地獄の苦痛」といっているところに、作者の人生がとくに晩年において苦痛に満ちたものであったことを語っているように思われる。

## 漢字の読み方

| | | | |
|---|---|---|---|
| 侏儒（しゅじゅ） | 蔓草（つるくさ） | 綵衣（さいい） | 纏（まと）う |
| 筋斗（きんと） | 貧乏（びんぼう） | 熊掌（ゆうしょう） | 飽（あ）き足（た）りる |
| 富裕（ふゆう） | 採桑（さいそう） | 麗人（れいじん） | 菽麦（しゅくばく） |
| 愚昧（ぐまい） | 聡明（そうめい） | 勇（いさ）ましい | 攀（よ）じる |
| 峰（みね） | 頂（いただき） | 空恐（そらおそ）ろしい | 闘（たたか）う |
| 志（こころざし） | 春酒（しゅんしゅ） | 酔（よ）う | 金縷（きんる） |
| 誦（しょう）する | 理不尽（りふじん） | 理屈（りくつ） | 創痍（そうい） |
| 微笑（びしょう） | 渋面（じゅうめん） | 憤慨（ふんがい） | 埒外（らちがい） |
| 落丁（らくちょう） | 称（しょう）する | 瑣事（さじ） | 群雀（むらすずめ） |
| 甘露味（かんろみ） | 蛙（かわず） | 愁（うれ）い | 受苦（じゅく） |
| 堕地獄（だじごく） | | | |

## 文型

(1) ただわたしの思想の変化をうかがわせるにすぎぬ。

・彼の話は言いわけにすぎぬ。

・ほんの憶測にすぎぬ。

・ちょっとした知り合いにすぎない。

・ただの鼻風邪にすぎません。

(2) やはり理不尽だと思わざるを得まい。

・その件についてはぼくも一言、言わざるを得まい。

・人間の力の偉大さに感嘆せざるを得まい。

・運を天にまかせざるを得まい。

・いやおうでも彼に会わざるを得まい。

(3) 胎内を離れるが早いか、とにかく大きい競技場に似た人生の中に踏み入るのである。

・起きるが早いか家を飛びだした。

・金をおろすが早いか銀行を飛び出した。

・おまわりさんを見るが早いか逃げだした。

・授業が終わるが早いか家に帰った。

## 熟語

夢を見る　　人後に落ちる

## 第十五課

# 二つの花



野間宏

次第に内の方からしびれている自分の身体のすぐ横に生々と身をのばしはじめるものの力を感じると、彼は、瞬間、自分の身がすぐさま滅び去る身であることを忘れて、なおしばらくの間、身を起そうとした。

すでに夜はあけはなたれているのだ。彼の身をつつむ厚い花びらも、いまは再び蒼白い色につつまれはじめた。夜のあける空全体にわたるすさまじく、壮麗な変化を彼はいまみとどけてきたばかりだった。彼がほこらかに白い花びらを置いていた夜は大きなひびきをたてて、くだけて行った。

そして彼はその予期することの出来なかった夜の去るひびきのなかに、しばらく身をふるわせて、次に起るものを待っていた。彼はそれが自分の死であることを知っていた。彼は死を待ちながら、自分に代ってつづいてこの空を支配するにちがいないすぐ横の赤い小さな花のつぼみの生々とした全身に眼をそそいだ。

彼は夜のすべてをなめつくしていた。夜は彼の下に冷たく降り、彼は夜露のただなかに身をもたげて、夜空の重みをはかってきたのである。自分のやわらかい花弁の上にあびて彼は夜を知りつくしていた。そして彼はもはや彼の後に生きるこの赤い花に、後の時間を引き渡すためにしばらく身をたてるのだ。

彼は自分の傍の息づかいが、すでに大きくなってきたのを感じていた。それは全く彼にとっては得体の知れない感じのするものだった。それは不思議にも太陽の下で生々と身体をひらき、呼吸をする。もちろんそれはただ少しばかりその肌の色とはだざわりがちがうというだけで、見たところそれほど、自分と変るところがありそうにも思えなかった。しかしなお眼をひらいて注意してみるとそれがすぐ前にかかげている色はやはりあの危険な赤色なのだ。そしてその冷たいなめらかな肌は全く自分のものと似ていながら、まるでちがうものではないか。もちろん彼は眼の前のその小さな赤い花を重んじているわけではなかったが、その太陽の同類ともいうべき奴を眺めないではいられなかった。その夜の星々を全く知ることのない奇妙な奴を。

彼の身はそういう間にも、いよいよしびれてきた。彼はやがて緑色をした小さなカブトのような実のなかへその身を埋めなければならなかった。すでにその時間は刻々にせまってきた。しかし彼は最後の力をふるってどこまでもみまもっていた。すぐ傍のそのほとんど自分と同じ姿をしているとはいえ、全く得体の知れない不思議なものを。

しかしいまは二つの花が、夜と朝の二つの時刻を同時にもつ時間だった。星はいま死んで行く白い夕顔の命のように、なお真上にかがやいていた。しかし彼はこの自分と全くよく似ていながら自分とは全くちがった、朝顔に会うために生きてきたのかも知れなかった。そして彼は一層大きく身をふるわせた。彼はついに口をひらいた。

「おい、小さいの、まだ、お前は眼があかねえのか。……なんだって、そんなに、おずおずとしてるんだ……。」

「眼があかない? おずおずしてる? とんでもないこと、いわないでさ。ひっこんでろよ。眼はこんなにぱっちりあけてるじゃねえか……、身体はこんなにのびのびと、のばしてるじゃねえか。これが見えねえのかい? いいかげんにしろやい。」

「へッ、なんだな、ひどく、すごいじゃねえか……まあ、いいさ、いきのいいっていうのは、とにかく悪くはないんだからな……」

「あたりまえよ……もっと大きく眼をあけて見なよ。いきがよくって、わるいってのは、借金取りか、葬儀屋かってくらいのものだろうよ……。」

「それくらいの口がきけるのなら、この俺の問いに答えることができるだろう。俺はもはやここから、おさらばしなきゃなんねえ、— 俺はすでに俺の生きていた世界、夜の世界をきわめつくした……、しかし俺はいま、この俺の世界につづいてくる明るい世界が一体どういうものなのか、ただ一つききとりたいものと思いだした。……俺は俺が片端から声をかけた星々の話で太陽という奴が、全く夜の星々と同じ類のもので別にめずらしくもねえ奴だということをきいていたが、ところが実際にそれが眼の前にあらわれてみると、その話のようにはとても同じ類のものだなどとは考えられはしない。そこでお前にこいつだけをきいておきたい…… 太陽ってのは一体どんなものなんだ?」

しかし彼のすぐ前の、太陽の明りの方に生々と身をさしのべている赤い花は口をひらかなかった。

「言えねえのか。そんなに太陽の方に生々と身をのばしているのに。」

「…………。」

「言えないのか。」

「俺は太陽を求めている。」

「だから太陽は一体どんなものなんだときいているんじゃねえか。」

「俺は太陽を求めている。」

「だから……」

「俺は太陽を求めている。」

すでに夜の最後の色が、真上の空から一掃されると、朝の色があたり一面にひろがって行った。夕顔はいよいよその身から血を失って、身を倒した。

---

✿ 作者: 野間宏(のまひろし) (1915〜1991)

小説家。兵庫県生れ。京都大学仏文科卒。『暗い絵』『真空地帯』『文学の探究』など。フランス象徴主義の影響、戦後派作家。

### 漢字の読み方

| | | | |
|---|---|---|---|
| 瞬間(しゅんかん) | 蒼白い(あおじろい) | 壮麗(そうれい) | 夜露(よつゆ) |
| 夜空(よぞら) | 引き渡す(ひきわたす) | 得体(えたい) | 眺める(ながめる) |
| 緑色(みどりいろ) | 真上(まうえ) | 朝顔(あさがお) | 借金(しゃっきん) |
| 葬儀屋(そうぎや) | 俺(おれ) | 明り(あかり) | 一掃(いっそう) |
| 夕顔(ゆうがお) | | | |

### 文型

(1) 自分に代ってつづいて、この空を支配するにちがいない。

・今度こそ成功するにちがいない。

・そういうことをすると母にしかられるにちがいありません。

・そんなことをするのはあの人にちがいありません。

・あの成績なら必ず合格するにちがいない。

・子どもたちはあそこにいるにちがいありません。

(2) そしてその冷たいなめらかな肌は全く自分のものと似ていながらまるでちがうものではないか。

・それではまるで話がちがいます。

・ビールならのめますが、おさけはまるでだめです。

・彼は、人の前へ出ると、まるで元気がなくなる。

・山の景色はまるで絵のようだ。

・木々はまるで急ぐかのように落葉し始める。

(3) 彼はほこらかに白い花びらを置いていた夜は大きなひびきをたてて、くだけていった。

・走れば走るほど寂しさは増していきます。

・これからもっと寒くなっていきます。

・我が子が成長していくのを見るのは嬉しい。

・春一番が吹いてからはどんどん暖かくなっていきます。

・王子様がシンデレラを思う心はますます強くなっていくのでした。

(4) 俺はすでに俺の生きていた世界、夜の世界をきわめつくした……。

・碁をはじめて六十年、この布石はすべて知りつくしている。

・その大噴火による火山灰を浴びて周辺の木はすべて枯れつくした。

・競技が終わると彼は全エネルギを出しつくしたと言ったまま地面に伸びてしまった。

・三十年ぶりで旧友と再会して大いに話した。いくら語っても語りつくせない思いでした。

・ルーブルにはすばらしいものが実にたくさんあるので、一週間や二週間ではとても見つくせない。

第十六課

# 「である」ことと「する」こと



丸山真男

## 近代社会における制度の考え方

　自由人という言葉がしばしば用いられています。しかし自分は自由であると信じている人間はかえって、不断に自分の思考や行動を点検したり吟味したりすることを怠りがちになるために、実は自分自身のなかに巣食う偏見からもっとも自由でないことがまれではないのです。逆に、自分が「捉われている」ことを痛切に意識し、自分の「偏向」性をいつも見つめている者は、何とかして、ヨリ自由に物事を認識し判断したいという努力をすることによって、相対的に自由になり得るチャンスに恵まれることになります。制度についてもこれと似たような関係があります。

　民主主義というものは、人民が本来制度の自己目的化一物神化一を不断に警戒し、制度の現実の働き方を絶えず監視し批判する姿勢によって、はじめて生きたものとなり得るのです。それは民主主義という名の制度自体についてなによりあてはまる。つまり自由と同じように民主主義も、不断の民主化によって辛うじて民主主義でありうるような、そうした性格を本質的にもっています。民主主義的思考とは、定義や結論よりもプロセスを重視することだといわれることの、もっとも内奥の意味がそこにあるわけです。

このように見てくると、債権は行使することによって債権でありうるというロジックは、およそ近代社会の制度やモラル、ないしはものごとの判断の仕方を深く規定している「哲学」にまでひろげて考えられるでしょう。

「プディングの味は食べてみなければわからない」という有名な言葉がありますが、プディングのなかに、いわばその「属性」として味が内在していると考えるか、それとも食べるという現実の行為を通じて、美味かどうかがそのつど検証されると考えるかは、およそ社会組織や人間関係や制度の価値を判定する際の二つの極を形成する考え方だと思います。身分社会を打破し、概念実在論を唯名論に転回させ、あらゆるドグマを実験のふるいにかけ、政治・経済・文化などいろいろな領域で「先天的」に通用していた権威にたいして、現実的な機能と効用を「問う」近代精神のダイナミックスは、まさに右のような「である」論理・「である」価値から「する」論理・「する」価値への相対的な重点の移動によって生まれたものです。もしハムレット時代①の人間にとって「to be or not to be」が最大の問題であったとするならば、近代社会の人間はむしろ「to do or not to do」という問いがますます大きな関心事になってきたといえるでしょう。

もちろん、「『である』こと」に基づく組織(たとえば血族関係とか、人種団体とか)や価値判断の仕方は将来とてもなくなるわけではないし、「『する』こと」の原則があらゆる領域で無差別に謳歌されてよいものでもありません。しかし、私たちはこういう二つの図式を想定することによって、そこから具体的な国の政治・経済その他さまざまの社会的領域での「民主化」の実質的な進展の程度とか、制度と思考習慣とのギャップとかいった事柄を測定する一つの基準を得ることができます。そればかりでなく、たとえばある面でははなはだしく非近代的でありながら、他の面ではまたおそろしく過近代的でもある現代日本の問題を、反省する手がかりにもなるのではないでしょうか。

---

✿ 作者: 丸山真男（まるやま まさお） (1914〜1996)

政治学者。大阪生れ。東京大学法学部卒。『日本政治思想史研究』『日本の思想』『歴史意識の「古層」』など。

## 注

① ハムレット: シェークスピアの戯曲の主人公。

## 漢字の読み方

| | | | |
|---|---|---|---|
| 不断（ふだん） | 吟味（ぎんみ） | 怠る（おこたる） | 巣食う（すくう） |
| 痛切（つうせつ） | 相対的（そうたいてき） | 恵まれる（めぐまれる） | 物神化（ぶっしんか） |
| 辛うじて（かろうじて） | 内奥（ないおう） | 債権（さいけん） | 美味（びみ） |
| 打破（だは） | 関心事（かんしんじ） | 血族（けつぞく） | 人種団体（じんしゅだんたい） |
| 謳歌（おうか） | | | |

## 文型

(1) 不断に自分の思考や行動を点検したり吟味したりすることを怠りがちになるために、

・私はこのところ病気がちで、家にこもっている。

・冬の朝は、つい学校に遅れがちになります。

・傘は忘れがちであるから、気をつけてください。

(2) プディングの味は食べてみなければわからない。

・病気にならなければ健康の大切さは分らない。

・早く連絡しなければ会えないんです。

・このドアはカードを入れなければ開けられません。

・遅くても午前十時までに家を出なければ、約束の時間に間に合いません。

・この仕事は自分でやってみなければ、その難しさは実感できない。

第十七課

# 生活の笑いと知恵



## 1

　うたた寝の顔へ一冊屋根にふき

夏の午後、横になって本を読んでいるうちに、いつのまにかうたた寝をしてしまったという経験が、だれにでもあるだろう。顔をおおった本が屋根のような形になっている。それを「一冊屋根にふき」と見立てたところに、この句のおもしろみがある。

読書中のうたた寝をよんだ川柳には、ほかに次のようなものがある。

　うたた寝の書物は風が繰つてゐる。

　うたた寝のまくら四、五冊引きぬかれ

川柳は、江戸時代の民衆、特に町人の間で流行した。町人は、士農工商のきびしい身分制度の中にありながらも、経済的な力を得て、自らの文化を作り出していた。

いつもいばっている武士たちを、

　御自分も拙者も逃げた人数なり

　　浪人は長いものから食ひ始め

　と、「御自分」「拙者」などの武士ことばをたくみに使って笑いの対象とした。その武士が、また、失業して浪人の身になれば、刀をいちばん初めに売り食いするというわけである。

　知ったかぶりをする儒者も、

　　とらの鳴き声を聞かれて儒者困り

　と、からかわれる。

　からかいの対象は、歴史上の人物や事件にも及んでいる。

　　清盛[①]の医者ははだかで脈を取り

　　武蔵坊とかくしたくに手間がとれ

　言うまでもなく、川柳の本領は、彼ら自身の生活や人情の機微をしゃれや皮肉を通して生き生きととらえているところにある。

　　国の母生まれたふみを抱き歩き

　　雷をまねて腹かけやつとさせ

　　泣き泣きもよいはうを取る形見分け

　　本降りになって出て行く雨宿り

　川柳は、娯楽の中から生まれた民衆の笑いの文学である。

　民衆はこのように笑いによって自由な世界を作り、感情の解放を求めてきたのである。

## 2

　い　　犬も歩けば棒に当たる

　ろ　　論より証拠

　は　　花よりだんご

　昔から、正月の子供の遊びに、いろは四十八文字を文句の初めとするカルタの遊びがあった。「いろはだとえ」　「いろはガルタ」などと呼ばれていたが、そこに集められている文句は、もともと民衆の間で生まれ、語り継がれてきたことわざであった。それらを幼い人たち、若い人たちに、もっと効果的に覚えさせせようとして、カルタという遊びに取り入れることになり、多くの中から四十八だけを選び出したのである。

ただし、この「いろはガルタ」に取られている文句は、どこでも同じというわけではなく、たとえば、

い　　一寸先はやみ　一を聞いて十を知る

ろ　　論語読みの論語知らず

は　　針の穴から天井をのぞく

などのように、違った言い方になっている場合もある。

ところで、これらのことわざは、民衆の生活に対してどのような役割を果たしていたのであろうか。

「頭かくしてしりかくさず」は、おろかな人のすることであり、「へたの長談義」は、だれにでもいやがられることである。だから、自分がそういうことをすれば人に笑われたりいやがられたりすると思って、自然に気をつけるようになることをねらったものである。

そしてこれらのことわざは、ちょうど親の仕事を習うように習っていたものだと言われる。また、カルタ遊びに取り入れられたことによって、すっかり心の中にしみこんで、何か行動したり判断したりする際に、おのずと思い出されるようになったとも考えられる。

たとえば、店先で値段の安いのにつられて品物を買いそうになった時に、「安物買いの銭失い」の文句がさっと頭に浮かぶことがあるかもしれない。あるいは、買って帰ったあとで品が悪いことに気づいて、やっぱり「安物買いの銭失い」だったかと、改めて思い当たって次の機会への戒めにするかもしれない。

ことわざは、こんなふうにして、具体的な生活の場面で、その役割を果たしてきたものと思われる。つまり、人間とは何か、どう生きるべきか、などという深い思想ではなく、もっと手近な世わたりの術として、人々の間に親しまれ、生きてきたのである。

(『現代の国語』編集委員会の書きおろし)

---

## 注

① 清盛(きよもり) — 平清盛(たいらのきよもり)(1118～1181): 平安末期の武将。保元(ほうげん)・平治(へいじ)の乱をへて政権を掌握し、1167年、太政大臣になる。1179年、安徳(あんとく)天皇を擁立して独裁権を確立したが、翌年源氏(げんじ)の峰起で戦勢が不利な中に病死した。

## 漢字の読み方

| | | | |
|---|---|---|---|
| 見立て(みたて) | 川柳(せんりゅう) | 拙者(せっしゃ) | 浪人(ろうにん) |
| 売り食い(うりぐい) | 儒者(じゅしゃ) | 武蔵坊(むさしぼう) | 手間(てま) |
| 本領(ほんりょう) | 機微(きび) | 皮肉(ひにく) | 雨宿り(あまやどり) |
| 娯楽(ごらく) | 証拠(しょうこ) | 語り継ぐ(かたりつぐ) | 長談義(ながだんぎ) |
| 店先(みせさき) | 値段(ねだん) | 銭失い(ぜにうしない) | 戒め(いましめ) |
| 手近だ(てぢかだ) | | | |

## 文型

(1) きびしい身分制度の中にありながらも、経済的な力を得て、自らの文化を作り出していた。

- 知っていながら教えてくれない。
- 悪口をいわれながらも少しも怒らない。
- 行きたいながら遠慮する。
- 小さいながらよく働く。
- 体格はりっぱながらもどこかもろいところがある。

(2) 自分がそういうことをすれば人に笑われたりいやがられたりすると思って、……

- このごろは暑かったり寒かったりして気候が不順です。
- 海で泳いだり砂浜でねころんだりして遊びました。
- とんだりはねたり、元気な子供だな。
- 好きなものを飲んだり食べたり、楽しい時間をすごした。
- 今度の地震ではたくさんの人が死んだり傷ついたりした。

## 熟語

気をつける

## 第十八課

# 火鉢

夏目漱石

「こころ」などによって知られる夏目漱石の小品である。原稿用紙にしてたった六枚余の作品でありながら、ここには一つの世界があって、漱石を思わせる主人公とその家族に、私たち読者の心は知らず知らずのうちに寄り添っていってしまう。そうして読み終えると、交響曲を一曲聴き終わった時のような感動が残っているのを覚える。

目が覚めたら、昨夜抱いて寝た懐炉が腹の上で冷たくなっていた。硝子戸越しに、廂の外を眺めると、重い空が幅三尺[1]ほど鉛のように見えた。胃の痛みはだいぶとれたらしい。思い切って、床の上に起き上がると、予想よりも寒い。窓の下には昨日の雪がそのままである。

風呂場は氷でかちかち光っている。水道は凍り着いて、栓が利かない。ようやくのことで温水摩擦を済まして、茶の間で紅茶を茶碗に移していると、二つになる男の子[2]が例の通り泣き出した。この子は一昨日も一日泣いていた。昨日も泣き続けに泣いた。妻にどうかしたのかと聞くと、どうもしたのじゃない、寒いからだという。仕方がない。なるほど泣き方がぐずぐずで痛くも苦しくもないようである。けれども泣くくらいだから、どこか不安なところがあるのだろう。聞いていると、しまいにはこっちが不安になってくる。時によると小悪らしくなる。大きな声で叱りつけたいこともあるが、何しろ、叱るには余り小さ過ぎると思って、つい我慢をする。一昨日も昨日もそうであったが、今日もまた一日そうなのかと思うと、朝から心持ちがよくない。胃が悪いのでこのごろは朝飯を食わぬ掟にしてあるから、紅茶茶碗を持ったまま、書斎へ退いた。

火鉢に手をかざして、少し暖まっていると、子供は向こうの方でまだ泣いている。そのうち掌だけは煙が出るほど熱くなった。けれども、背中から肩へかけてはむやみに寒い。ことに足の先は冷えきって痛いくらいである。だから仕方なしにじっとしていた。少しでも手を動かすと、手がどこか冷たいところに触れる。それが刺にでも触ったほど神経に応える。首をぐるりと回してさえ、頚の付け根が着物の襟にひやりと滑るのが堪え難い感じである。自分は寒さの圧迫を四方から受けて、十畳の書斎の真ん中にすくんでいた。この書斎は板の間である。椅子を用いべきところ③を、絨緞を敷いて、普通の畳のごとくに想像して座っている。ところが敷き物が狭いので、四方とも二尺がたは、つるつるした板の間がむき出しに光っている。じっとしてこの板の間を眺めて、すくんでいると、男の子がまだ泣いている。とても仕事をする勇気が出ない。

ところへ妻がちょっと時計を拝借と入って来て、また雪になりましたという。見ると、細かいのがいつの間にか、降り出した。風もない濁った空の途中から、静かに、急がずに、冷刻④に、落ちて来る。

「おい、去年、子供の病気で、暖炉を焚いた時には炭代がいくら要ったかな。」

「あの時は月末に二十八円払いました。」

自分は妻の答えを聞いて、座敷暖炉を断念した。座敷暖炉は裏の物置に転がっているのである。

「おい、もう少し子供を静かにできないかな。」

妻はやむをえないというような顔をした。そうして、いった。

「お政さんがお腹が痛いって、だいぶ苦しそうですから、林さんでも頼んで見てもらいましょうか。」

お政さんが二、三日寝ていることは知っていたがそれほど悪いとは思わなかった。早く医者を呼んだらよかろうと、こっちから促すように注意すると、妻はそうしましょうと答えて、時計を持ったまま出て行った。襖を閉てるとき、どうもこの部屋の寒いことといった。

まだ、かじかんで仕事をする気にならない。実をいうと仕事は山ほどある。自分の原稿を一回分書かなければならない。ある未知の青年から頼まれた短篇小説を二、三編読んでおく義務がある。ある雑誌へ、ある人の作を手紙を付けて紹介する約束がある。この二、三カ月中に読むはずで読めなかった書籍は机の横にうずたかく積んである。この一週間ほどは仕事をしようと思って机に向かうと人が来る。そうして、皆何か相談を持ち込んでくる。その上に胃が痛む。その点からいうと今日は幸いである。けれども、どう考えても、寒くておっくうで、火鉢から手を離すことができない。

すると玄関に車を横付けにしたものがある。下女が来て長沢さんがおいでになりましたという。自分は火鉢のそばにすくんだまま、上目遣いをして、入って来る長沢を見上げながら、寒くて動けないよといった。長沢は懐から手紙を出して、この十五日は旧の正月⑤だから、是非都合してくれとか何とかいう手紙を読んだ。相変わらず金の相談である。長沢は十二時過ぎに帰った。けれども、まだ寒くてしようがない。いっそ湯にでも行って、元気をつけようと思って、手拭いを提げて玄関へ出掛かると、御免くださいという吉田に出っくわした。座敷へ上げて、いろいろ身の上話を聞いていると、吉田はほろほろ涙を流して泣き出した。そのうち奥の方では医者が来て何だかごたごたしている。吉田がようやく帰ると、子供がまた泣き出した。とうとう湯⑥に行った。

湯から上がったら初めて暖かになった。せいせいして、家へ帰って書斎に入ると、洋灯が点いて窓掛け⑦が下りている。火鉢には新しい切り炭がいけてある。自分は座布団の上にどっかりと座った。すると、妻が奥から寒いでしょうといって蕎麦湯を持って来てくれた。お政さんの容体を聞くと、ことによると盲腸炎になるかもしれないんだそうですよという。自分は蕎麦湯を手に受けて、もし悪いようだったら、病院に入れてやるがいいと答えた。妻はそれがいいでしょうと茶の間へ引き取った。

妻が出て行ったらあとが急に静かになった。まったくの雪の夜である。泣く子は幸いに寝たらしい。熱い蕎麦湯⑧をすすりながら、あかるい洋灯の下で、継ぎ立ての切り炭のぱちぱち鳴る音に耳を傾けていると、赤い火気が、囲われた灰の中でほのかに揺れている。時々薄青い焔が炭の股から出る。自分はこの火の色に、初めて一日の暖か味を覚えた。そうして次弟に白くなる灰の表を五分ほど見守っていた。

---

✿ 作者: 夏目漱石(なつめ そうせき) (1867～1916)

小説家、評論家。江戸(現在、東京都新宿区)生れ。東京大学英文科卒。小説『吾輩は猫である』『坊っちゃん』『草枕』『三四郎』『虞美人草』『こころ』『道草』『明暗』など。余裕派・徘徊派。

注

① 三尺: 一尺は、約三十センチメートル。

② 二つになる男の子: 数え年であることに注意。

③ 用いべきところ: 漱石独特の語法。「用うべきところ」と同じ。

④ 冷刻: 漱石独特の用字法。一般には、「冷酷」と書く。

⑤ 旧の正月: 陰暦一月一日は陽暦の二月中旬になる。

⑥ 湯: 銭湯。公衆浴場。前に「風呂場」が出ていることに注意。薪代を考えると銭湯の方が安くあがるのである。

⑦ 窓掛け: カーテン。

⑧ 蕎麦湯: そばをゆでた湯。そば粉を入れた湯。お茶のようにして飲む。

## 漢字の読み方

| | | | |
|---|---|---|---|
| 昨夜（ゆうべ） | 懐炉（かいろ） | 硝子戸（ガラスど） | 廂（ひさし） |
| 幅（はば） | 風呂場（ふろば） | 栓（せん） | 摩擦（まさつ） |
| 茶碗（ちゃわん） | 一昨日（おととい） | 小憎らしい（こにくらしい） | 叱る（しかる） |
| 我慢（がまん） | 掟（おきて） | 火鉢（ひばち） | 掌（てのひら） |
| 刺（とげ） | 頸（くび） | 退く（しりぞく） | 付け根（つけね） |
| 襟（えり） | 滑る（すべる） | 堪え難い（たえがたい） | 十畳（じゅうじょう） |
| 絨緞（じゅうたん） | 敷く（しく） | 拝借（はいしゃく） | 冷刻（れいこく） |
| 焚く（たく） | 座敷暖炉（ざしきだんろ） | 襖（ふすま） | 閉てる（たてる） |
| 下女（げじょ） | 上目遣い（うわめづかい） | 懐（ふところ） | 是非（ぜひ） |
| 都合（つごう） | 手拭い（てぬぐい） | 洋灯（ランプ） | 切り炭（きりずみ） |
| 蕎麦湯（そばゆ） | 容体（ようだい） | 盲腸炎（もうちょうえん） | 継ぎ立て（つぎたて） |
| 火気（かき） | 焔（ほのお） | 股（また） | 見守る（みまもる） |

## 文型

(1) 今日もまた一日そうなのかと思うと、朝から心持ちがよくない。

・これでおしまいなのかと思うと、なにか空(むな)しくなる。

・このまま別れるのかと思うと、寂しくてたまらない。

・また泣き出すのかと思うと、もういやになった。

・いつも約束を守らないのかと思うと、腹が立つ。

・明日もまたそうなのだろうかと思うと、やる気が出ない。

(2) 背中から肩へかけてはむやみにさむい。

・春から夏へかけて雨の日が多い。

・頭から足にかけてむやみに痛い。

・十月下旬から十一月上旬にかけては紅葉がきれいです。

・肩から足にかけて心地よく按摩(あんま)をしてくれた。

・一年生から四年生にかけて法律の勉強ばかりしてきた。

(3) その点からいうと今日は幸いである。

・彼の意見からいうとこの計画は成功しそうだ。

・あの問題からいうとこれはやさしいものである。

・不断考えていることからいうとそれは常識的ではない。

・その点からいうと彼女はすこしも変っていない。

## 熟語

時による　　やむをえない　　ことによると

第十九課

# 千曲川のスケッチ



島崎藤村

## 雪国のクリスマス

クリスマスの夜とその翌日を、私は長野の方で送った。長野測候所に技手を勤むる人から私は招きの手紙を受けて、未知の人々に逢うために、小諸を発ち、汽車の窓から田中、上田、坂木などの駅々を通り過ぎて、長野まで行った。そこにある測候所を見たいと思ったのがこの小さな旅の目的の一つであった。私はそれも果した。

雪国のクリスマス——雪国の測候所——と言っただけでも、すでに何物か君の想像を動かすものがあるであろう。しかし私はその話を君にする前に、いかにこの国が野も山も雪のために埋もれて行ったかを話したいと思う。

毎年十一月の二十日前後には初雪を見る。ある朝私は小諸の住居で眼が覚めると、思いがけない大雪が来ていた。塩のように細かい雪の降り積のが、こういう土地の特色だ。あまりに周囲の光景が白々としていた為か、私の眼にはいくらか青みを帯びて見える位だった。朝通いの人達が、下駄の歯につく雪になやみながら往来を辿るさまは、あたかも暗夜を行く人に異ならない。赤い毛布で頭を包んだ草鞋穿の小学生徒の群、町家の軒下にションボリと佇立む鶏、それから停車場のほとりに貨物を満載した車の上にまで雪の積ったさまなぞを見ると、降った、降った、とそう思う。私は懐古園の松に掛った雪が、時々崩れ落ちる度に、濛々とした白い烟を揚げるのを見た。谷底にある竹の林が皆な草のように臥て了ったのをも見た。

岩村田通いの馬車がこの雪の中を出る。馬丁の吹き鳴らす喇叭の音が起る。薄い蓙を掛けた馬の身はビッショリと濡て、粗く乱れた鬣からは雫が滴る。ザクザクと音のする雪の路を、馬車の輪が滑り始める。白く降り埋んだ道路の中には、人の往来の跡だけ一筋赤く土の色になって、うねうねと印したさまが眺られる。家ごとに出て雪をかく人達の混雑したさまも、こういう土地でなければ見られない光景だ。

薄い靄か霧かが来て雪のあとの町々を立ち罩めた。その日の黄昏時のことだ。晴れたナと思いながら門口に出て見ると、ぱらぱらと冷いのが襟にかかる。ヤア降ってるのかと、思わず髪に触ると、霧のように見えたのは矢張細かい雪だということが知れる。二度ばかり掻取った路も、また薄白くなって、夜に入れば、時々家の外で下駄の雪の落す音が、ハタハタと聞える。自分の家へ客でも訪れるのかと思うと、それが往来の人々であるには驚かされる。

雪明りで、暗いなかにも道は辿ることが出来る。町を通う人々の提灯の光が、夜の雪に映って、花やかに明るく見えるなぞもPicturesqueだ。

君、私はこの国に於ける雪の第一日のあらましを君に語った。この雪が残らず溶けては了わないことを、君に思ってみて貰いたい。殊に寒い日蔭、庭だとか、北側の屋根だとかには、何時までも消え残って、降り積った上へと復た積るので、その雪の凍ったのが春までも持越すことを思ってみて貰いたい。

しかし、これだけで未だ、私がこういう雪国に居るという感じを君に伝えるには、不充分だ。その雪の来た翌日になって見ると、屋根に残ったは一尺ほどで、軒先には細い氷柱も垂下り、庭の林檎も倒れ臥していた。鶏の声まで遠く聞えて、何となくすべてが引被せられたように成った。雪の翌日には、きまりで北の障子が明るくなる。灰色の空を通して日が照し始めると雪は光を含んでギラギラ輝く。見るもまぶしい。軒から垂れる雫の音は、日がな一日単調な、退屈な、侘しく静かな思をさせる。

更に小諸町裏の田圃側へ出て見ると、浅々と萌え出た麦などは皆な白く埋もれて、岡つづきの起き伏すさまは、さながら雪の波の押し寄せて来るようである。さすがに田と田を区別する低い石垣には、大小の石の面も顕われ、黄ばんだ草の葉の垂れたのが見られぬでもない。遠い森、枯々な梢、一帯の人家、すべて柔かに深い鉛色を帯びて見える。この鉛色——もしくはすこし紫色を帯びたのが、これからの色彩の基調かとも言いたい。朦朧として、いかにもおぼつかないような名状し難い世界の方へ、人の心を連れて行くような色調だ。

翌々日に私はまた鶴沢という方の谷間へ出たことがあった。日光が恐しく烈しい勢で私に迫って来た。四面皆な雪の反射は殆んど堪えられなかった。私は眼を開いてハッキリ物を見ることも出来なかった。まぶしいところは通り過して、私はほとほと痛いような日光の反射と熱とを感じた。そこはだらだらと次第下りに谷の方へ落ちている地勢で、高低の差別なく田畠もしくは桑畠に成っている。一段々々と刻んでは落ちている地層の側面は、焦茶色の枯草に掩われ、ところどころ赤黝い土のあらわれた場所もある。その赤土の大波の上は枯々な桑畠で、ウネなりに白い雪が積って、日光の輝きを受けていた。その大波を越えて、蓼科の山脈が望まれ、遥かに日本アルプスの遠い山々も見えた。その日は私は千曲川の凄まじい音を立てて流れるのをも聞いた。

こんな風にして、溶けたと思う雪が復た積り、顕れた道路の土は復た隠れ、十二月に入って曇った空が続いて、日の光も次第に遠く薄く射すように成れば、周囲は半ば凍りつめた世界である。高い山々は雪嵐に包まれて、全体の姿を顕す日も稀だ。小諸の停車場に架けた筧からは水が溢れて、それが太い氷の柱のように成る。小諸は降らない日でも、越後の方から上って来る汽車の屋根の白いのを見ると、ア彼方は降ってるナと思うこともある。冬至近くに成れば、雲ともつかぬ水蒸気の群が細線の集合の如く寒い空に懸り、その蕭条とした趣は日没などに殊に私の心を引く。その頃には、軒の氷柱も次第に長くなって、尺余に及ぶのもある。草葺の屋根を伝う濁った雫が凍るのだから、茶色の長い剣を見るようだ。積りに積る庭の雪は、やがて縁側より高い。その間から顔を出す石南木なぞを見ると、葉は寒そうにべたりと垂れ、強い蕾だけは大きく堅く附着いている。冬籠りする土の中の虫同様に、寒気の強い晩なぞは、私達の身体も縮こまって了う……

こういう寒さと、凍った空気とを衝いて、私は未知の人々に逢う楽みを想像しながら、クリスマスのあるという日の暮方に長野へ入った。例の測候所の技手の家を訪ねると、主人はまだ若い人で、炬燵にあたりながらの気象学の話や、文学上の精しい引証談なぞが、私の心を楽ませた。ラスキンが「近代画家」の中にある雲の研究の話なども出た。ラスキンが雲を三層に分けた頃から思うと、九層の分類にまで及んだ近時の雲形の研究は進んだものだ。こう主人が話しているところへ、ある婦人の客も訪ねて来た。

私が主人から紹介されたその若い婦人は、牧師の夫人で、主人が親しい友達であるという。快活な声で笑う人だった。その晩歌うクリスマスの唱歌で、その主人の手に成ったものも有るとのことだった。やがて降誕祭を祝う時刻も近づいたので、私達は連立って技手の家を出た。

私が案内されて行った会堂風の建物は、丁度坂に成った町の中途にあった。そこへ行くまでに私は雪の残った暗い町々を通った。時々私は技手と一緒に、凍った往来に足を留めて、後部の方に起る女連の笑声を聞くこともあった。その高い楽しい笑声が、寒い冬の空気に響いた時は、一層雪国の祭の夜らしい思をさせた。後に成って私は、若い牧師夫人が二度ほど滑って転んだことを知った。

赤々とした灯火は会堂の窓を洩れていた。そこに集っていた多勢の子供と共に、私は田舎らしいクリスマスの晩を送った。

島崎藤村「千曲川のスケッチ」

(新潮文庫, 1955)

http://www.aozora.gr.jp/

---

### ✿ 作者: 島崎藤村（しまざきとうそん） (1872～1943)

詩人、小説家。岐阜県中津川市生れ。詩集『若菜集』『藤村詩集』、随筆『千曲川のスケッチ』、小説 『破戒』『春』『家』『夜明け前』など。自然主義作家。

### 漢字の読み方

| | | | |
|---|---|---|---|
| 千曲川（ちくまがわ） | 測候所（そっこうじょ） | 技手（ぎしゅ） | 逢（あ）う |
| 埋（う）もれる | 青（あお）みを帯（お）びる | 下駄（げた） | 往来（おうらい） |
| 辿（たど）る | 暗夜（あんや） | 草鞋穿（わらじばき） | 満載（まんさい） |
| 蓙（ござ） | 煙（けむり） | 喇叭（らっぱ） | 濡（ぬ）れる |
| 雫（しずく） | 鬣（たてがみ） | 滴（したた）る | 眺（なが）める |
| 混雑（こんざつ） | 靄（もや） | 霧（きり） | 黄昏時（たそがれどき） |

| | | | |
|---|---|---|---|
| 門口(かどぐち) | 提灯(ちょうちん) | 貰う(もらう) | 不十分(ふじゅうぶん) |
| 鉛色(なまりいろ) | 一尺(いっしゃく) | 氷柱(つらら) | 林檎(りんご) |
| 輝く(かがやく) | 単調(たんちょう) | 退屈(たいくつ) | 朦朧(もうろう) |
| 石垣(いしがき) | 反射(はんしゃ) | 焦茶色(こげちゃいろ) | 蓼科(たてしな) |
| 遥か(はるか) | 凄まじい(すさまじい) | 顕れる(あらわれる) | 包まれる(つつまれる) |
| 稀(まれ) | 暮方(くれがた) | 蕭条(しょうじょう) | 縁側(えんがわ) |
| 蕾(つぼみ) | 精しい(くわしい) | 炬燵(こたつ) | 丁度(ちょうど) |

## 文型

(1) 未知の人々に逢うために、小諸を発ち、汽車の窓から田中、上田、坂木などの駅々を通り過ぎて、長野まで行った。

・りんごを買うために、スーパーマーケットに行った。

・夢を叶えるために、一生懸命勉強した。

・痩せるために、運動を始めた。

・母にネックレスをプレゼントするために、お金をためている。

・生きるために食べるのか。食べるために生きるのか。

・将来後悔しないために、真面目に勉強しようと思う。

(2) ザクザクと音のする雪の路を、馬車の輪が滑り始める。

・ゲームは一度やり始めると、止まらない。

・彼は遅くなるようだから、先に食べ始めましょう。

・遊んでいた子供たちは、母の鳴らすベルの音を合図に帰り始めた。

・関東地方では朝から雨が降り始めた。

・冬は6時頃から暗くなり始める。

(3) この鉛色——もしくはすこし紫色を帯びたのが、これからの色彩の基調かとも言いたい。

・高低の差別なく田畠もしくは桑畠に成っている。
・郵便もしくはインターネットで申し込みをする。
・お支払いは現金もしくはクレジットカードでお願いします。
・万年筆もしくはボールペンで書くこと。
・会員もしくは会員の家族に限り、入場を認める。

(4) ところどころ赤黝い土のあらわれた場所もある。

・本が古くなって、ところどころ読めないところがある。
・台風で、鉄道がところどころ不通になっている。
・壁がところどころ崩れている。
・彼の説明はところどころ理解しにくかった。
・週末には、公園のところどころで弁当をひろげるカップルを見かける。

(5) 九層の分類にまで及んだ近時の雲形の研究は進んだものだ。

・便利な生活になったものだ。
・人の性格はなかなか変わらないものだ。
・学生時代はよく駅前の映画館に行ったものだ。
・祖母はいつも優しくしてくれたものです。
・赤ちゃんというものはいつ見ても可愛いものだ。

## 第二十課

# 空車

森鷗外

## 上

むなぐるまは古言である。これを聞けば昔の絵巻にあるような物見車が思い浮かべられる。

すべて古言はその行われた時と所との色を帯びている。これをそのままにとって用いるときは、誰もその間に異議をさしはさむことはできない。しかしそうばかりしていると、そのことばの用いられる範囲がせばめられる。この範囲はアルシャイスム①の領分を限る線によって定められる。そしてそのことばは擬古文の中にしか用いられぬことになる。

これは窮屈である。さらに一歩を進めて考えてみると、この窮屈はいっそう甚だしくなってくる。なぜであるか。いまむなぐるまということばを擬古文に用いるには異議がないものとする。ところで擬古文でさえあるなら、文の内容がなんであろうと、古言を用いていいかというに、必ずしもそうでない。文体にふさわしくない内容もある。都の手振だとか北里十二時だとかいうものは、読む人が文と事との間に調和をかいでいるのを感ぜずにはいない。

この調和は読む人の受用を傷つける。それは時と所との色を帯びている古言が濫用せられたからである。

しかしここにいう所は文と事との不調和である。文自体においてはなお調和を保つことが努められている。これに反して仮りに古言を引き離して今体文に用いたらどうであろう。極端な例をいえば、これを口語体の文に用いたらどうであろう。

文章を愛好する人はこれを見て、必ずや憤慨するであろう。口語体の文は文にあらずという人はしばらくおく。これを文として視ることをゆるす人でも、古言をその中に用いたのを見たら、希世の宝が粗暴な手によって毀たれたのを惜しんで、作者を陋とせずにはいぬであろう。

以上は保守の見解である。わたくしはこれを首肯する。そして不用意に古言を用いることを嫌う。

しかしわたくしは保守の見解にのみ安住している窮屈に堪えない。そこで今体文を作っているうちに、ふと古言を用いる。口語体の文においてもまた恬としてこれを用いる。着意してあえて用いるのである。

そして自分で自分に分疏をする。それはこうである。古言は宝である。しかし什襲[②]してこれを蔵しておくのは、宝の持ちぐされである。たとい尊重して用いずにおくにしても、用いざれば死物である。わたくしは宝を掘り出して活かしてこれを用いる。わたくしは古言に新たなる性命を与える。古言の帯びている固有の色は、これがために滅びよう。しかしこれは新たなる性命に犠牲を供するのである。わたくしはこんな分疏をして、人の誚をかえりみない。

## 下

わたくしの意中にいわんと欲する一事があった。わたくしは紙を展べて漫然空車と題した。題しおわってなんと読もうかと思った。音読すれば耳に聴いて何事ともわきまえがたい。しからばからぐるまと訓もうか。これはいかにもなつかしくないことばである。そのうえ軽そうに感ぜられる。やせた男が躁急に挽いて行きそうに感ぜられる。この感じはわたくしの意中の車と合致しがたい。そこでわたくしはむなぐるまと訓むことにした。わたくしは着意してこの古言の帯びている時と所との色をうばって、新たなる語としてこれを用いるのである。そしてかのなつかしくない、軽そうに感ぜさせるからぐるまの語を忌避するのである。

空車はわたくしの往々街上において見るところのものである。この車には定めて名があろう。しかしわたくしは不敏にしてこれを知らない。わたくしの説明によって、さすところのなんの車たるを解した人が、もしその名を知っていたなら、幸いに誨えてもらいたい。

わたくしの意中の車は大いなる荷車である。その構造はきわめて原始的で、大八車というものに似ている。ただ大きさがこれに数倍している。大八車は人が挽くのにこの車は馬が挽く。

この車だっていつも空虚でないことは、言をまたない。わたくしは白山の通りで、この車が洋紙を梱載[3]して王子から来るのにあうことがある。しかしそういうときにはこの車はわたくしの目にとまらない。

わたくしはこの車が空車として行くにあうごとに、目迎えてこれを送ることを禁じ得ない。車はすでに大きい。そしてそれが空虚であるがゆえに、人をしていっそうその大きさを覚えしむる。この大きい車が大道せましと行く。これにつないである馬は骨格がたくましく、栄養がいい。それが車につながれたのを忘れたように、ゆるやかに行く。馬の口を取っている男は背の直い大男である。それが肥えた馬、大きい車の霊ででもあるように、大股に行く。この男は左顧右眄することをなさない。物にあって一歩をゆるくすることもなさず、一歩を急にすることをもなさない。旁若無人という語はこの男のために作られたかと疑われる。

この車にあえば、徒歩の人も避ける。騎馬の人も避ける。貴人の馬車も避ける。富豪の自動車も避ける。隊伍をなした士卒も避ける。送葬の行列も避ける。この車の軌道を横たわるに会えば、電車の車掌といえども、車をとめて、忍んでその過ぐるを待たざることを得ない。

そしてこの車は一の空車に過ぎぬのである。

わたくしはこの空車の行くにあうごとに、目迎えてこれを送ることを禁じ得ない。わたくしはこの空車が何物をかのせて行けばよいなどとは、かけても思わない。わたくしがこの空車とある物をのせた車とを比較して、優劣を論ぜようなどと思わぬこともまた言をまたない。たといそのある物がいかに貴き物であるにもせよ。

森鷗外『空車』

(東京日日新聞, 大阪毎日新聞, 1916)

http://www.aozora.gr.jp/

---

✿ 作者: 森鷗外(もりおうがい) (1862～1922)

近代日本の文豪。島根県津和野生まれ。東京大学医学部卒。小説家、評論家、翻訳家、軍医。小説『舞姫』『青年』『雁』『山椒大夫』『高瀬舟』『阿部一族』、歴史伝記『渋江抽斎』、翻訳『即興詩人』など。

注

① アルシャイスム＝アルカイスム(フランス語: Archaisme)

1)文体上の擬古趣味。擬古体。

2)文学・美術において古風な表現や様式などを効果をあげる目的で意識的に用いること。復古主義。アーケイズム。

② 什襲:「収集」の意か。

③ 梱載:「混載」の意か。

## 漢字の読み方

| | | | |
|---|---|---|---|
| 絵巻(えまき) | 物見車(ものみぐるま) | 帯(お)びる | 異議(いぎ) |
| 擬古文(ぎこぶん) | 窮屈(きゅうくつ) | 甚(はなは)だしい | 濫用(らんよう) |
| 引(ひ)き離(はな)す | 今体文(きんたいぶん) | 極端(きょくたん) | 憤慨(ふんがい) |
| 粗暴(そぼう) | 毀(こぼ)つ | 惜(お)しむ | 嫌(きら)う |
| 恬(てん) | 着意(ちゃくい) | 分疎(いいわけ) | 什襲(じゅうしゅう) |
| 滅(ほろ)びる | 誚(そしり) | 展(の)べる | 躁急(そうきゅう) |
| 忌避(きひ) | 不敏(ふびん) | 誨(おし)える | 荷車(にぐるま) |
| 大八車(だいはちぐるま) | 空虚(くうきょ) | 肥(こ)える | 左顧右眄(さこうべん) |
| 傍若無人(ぼうじゃくぶじん) | 避(さ)ける | 富豪(ふごう) | 士卒(しそつ) |
| 送葬(そうそう) | 軌道(きどう) | 車掌(しゃしょう) | 忍(しの)ぶ |
| 優劣(ゆうれつ) | 貴(とうと)き物(もの) | | |

## 文型

(1) 音読すれば耳に聴いて何事ともわきまえがたい。

・信じがたい話だが、事実である。

・あなたの言っていることは理解しがたい。

・いじめをはやし立てることも許しがたい行為だ。

(2) わたくしはこの車が空車として行くにあうごとに、目迎えてこれを送ることを禁じ得ない。

・予想外の結果に驚きを禁じ得ない。

・その知らせには喜びを禁じ得なかった。

・涙を禁じ得ないラストシーンだった。

熟語

言をまたない　目にとまる

## 第二十一課

# 恋

正岡子規

昔から名高い恋はいくらもあるがわれは就中八百屋お七の恋に同情を表するのだ。お七の心の中を察すると実にいじらしくていじらしくてたまらん処がある。やさしい可愛らしい彼女の胸の中には天地をもとろかすような情火が常に炎々として燃えて居る。その火の勢が次第に強くなりて抑えきれぬために我が家まで焼くに至った。終には自分の身をも合せてその火中に投じた。世人は彼女を愚とも痴ともいうだろう。ある一派の倫理学者の如く行為の結果を以て善悪の標準とする者はお七を大悪人とも呼ぶであろう。この、無垢清浄、玉のようなお七を大悪人と呼ぶ馬鹿もあるであろう。けれどお七の心の中には賢もなく愚もなく善もなく悪もなく人間もなく世間もなく天地万象もなく、乃至思慮も分別もなくなって居る。ある者はただ一人の、神のような恋人とそれに附随して居る火のような恋とばかりなのである。もし世の中に或る者が存して居るとすればその者が家であろうが木であろうが人であろうが皆この恋人のためにまたは我恋のために存して居らねばならぬ。しかるにその物が少しでもこの恋を妨げる者であったならば家であろうが木であろうが人であろうが片端からどしどし打毀して行くより外はない。この恋が成功さえすれば天地が粉微塵コッパイになっても少しも驚きはせぬ。もしまたこの恋がどうしても成功せぬときまった暁には磔に逢うが火あぶりに逢うが少しも悔む処はない。固より悔む処はないのであるけれどしかし死という事が恐ろしくあるまいか、かよわい女の身で火あぶりに逢わされるという事を考えた時にそれが心細くあるまいか。家を焼くお七の心がいじらしいだけそれだけ、死に臨んだお七の心の中があわれであわれで悲しくてたまらん。

死に近づく彼女の心の中は果してどんなであったろう。初より条理以外に成立して居る恋は今更条理を考えて既往を悔む事はないはずだ。ある時はいとしい恋人の側で神鳴の夜の物語して居る処を夢見て居る。ある時は天を焦す焔の中に無数の悪魔が群りて我家を焼いて居る処を夢見て居る。ある時は万感一時に胸に塞がって涙は淵を為して居る。ある時は惘然として悲しいともなく苦しいともなく、我にもあらで脱殻のようになって居る。

固よりいろいろに苦んで居たに違いないけれど、しかしその苦痛の中に前非を後悔するという苦痛のない事はたしかだ。感情的お七に理窟的後悔が起る理由がない。火を付けたのは、しようかせまいかと考えてしたのではなく、恋のためには是非ともしなくてはならぬ事をしたものを、なぜにその事についてお七が善いの悪いのというて考えて見ようか。もしそれを考えるほどなら恋は初から成り立って居なかったのだ。

あるいは、お七は、裁判所で、裁判官より、言い遁れる言いようを教えてもろうたけれど、それには頓着せず、恋のために火をつけたと真直に白状してしもうたから、裁判官も仕方なしに放火罪に問うた、とも伝えて居る。あるいは想像の話かもしれぬが想像でも善く中って居る。お七は必ずそう答えたであろう。裁判官が再三注意を与えて、七、其方は火をつけたのではあるまい、火を運んで居て誤って落したのであろう、などというたかもしらぬ。その時お七はわろびれずに、いいえ、吉三さんに逢いたいばかりに、火をつけたらもし逢わりょうかと思うて、つけたのでございます、と言い放して心の中で泣いて居たに違いない。

ここなのだ。ここがいじらしゅうてたまらんのだ。罪禍を恐れて言い遁れるようなお七なら初から火をつけはせぬ。それならば、お七は死に臨んでも自分の罪を悪いと思わぬばかりでなく、いっそ自分のつけた火が江戸中に広がって、自分を死刑に宣告した裁判官と、自分を死刑に陥れた法律と、自分を死刑に行うべき執行人とを合せて焼き尽さなんだ事を残念に思うて居るのであろうか。否、無垢清浄のお七にそれほどの太い心がある訳はない。お七は必ず、家を焼いたのは悪い事をしたと感じたであろう。それならお七は、火を付けなかったら善かったと思うたろうか。固よりそんな事は思わぬ。

人間世界の善悪が、善悪の外に立つ神の世界の恋に影響のしようがない。しかし火つけが悪い事と感じた瞬間には、本心に咎める所があって、あんな事をせなんだら善かったと思わずには居られまいと思うがどうであろうか。なかなか以てそんな事は思わぬ。それならその瞬間にはどういう事を思うて居たろうか。それは、吉三は可愛いと思うて居た。

正岡子規『恋』

(『ホトトギス』第二巻第六号, 1899)

http://www.aozora.gr.jp/

✿ 作者: 正岡子規(まさおかしき) (1867～1902)

俳人、歌人、評論家、随筆家。松山市生れ。『ホトトギス』創刊。評論『歌よみに与ふる書』、随筆集『墨汁一滴』『病床六尺』『仰臥漫録』など。

## 漢字の読み方

| | | | |
|---|---|---|---|
| 就中(なかんずく) | 八百屋お七(やおやしち) | 表する(ひょう) | 察する(さっ) |
| 処(ところ) | 情火(じょうか) | 炎々と(えんえん) | 投じる(とう) |
| 世人(せじん) | 如し(ごと) | 標準(ひょうじゅん) | 無垢清浄(むくせいじょう) |
| 万象(ばんしょう) | 乃至(ないし) | 附随(ふずい) | 妨げる(さまた) |
| 片端(かたはし) | 打毀す(うちこわ) | 粉微塵(こなみじん) | 暁(あかつき) |
| 磔(はりつけ) | 悔む(くや) | 固より(もと) | 臨む(のぞ) |
| 条理(じょうり) | 今更(いまさら) | 既往(きおう) | 神鳴(かみなり) |
| 焦がす(こ) | 焔(ほのお) | 塞がる(ふさ) | 淵(ふち) |
| 惘然(ぼうぜん) | 脱殼(ぬけがら) | 前非(ぜんぴ) | 理窟(りくつ) |
| 遁れる(のが) | 頓着(とんじゃく) | 真直(まっすぐ) | 白状(はくじょう) |
| 善く(よ) | 中る(あた) | 其方(そなた) | 罪禍(ざいか) |
| 陥れる(おとしい) | | | |

## 文型

(1) お七の心の中を察すると実にいじらしくていじらしくてたまらん処がある。

・最近は暑くてたまらない。

・彼女に会いたくてたまらない。

・学校での生活が楽しくてたまらんのです！

・彼は子猫がかわいくてたまらないようです。

・ろくに読みもしないのに彼女は全集を買ってしまう。

(2) 火を付けたのは、しようかせまいかと考えてしたのではなく、

- 一緒に行こうか行くまいかはっきりしてください。
- 見ようか見まいか、迷っています。
- 彼に連絡しようか、す(る)まいか、思案していた。
- 夏休みに国へ帰ろうか帰るまいか、考えている。
- ほしいですけど、買おうか買うまいか悩んでいるところです。

## 第二十二課

# 余白の出現、ざしきぼつこのような



北川透

詩を書く。この行為が、小説を書く、批評を書く意識との明らかな違いのひとつは、余白の魔性にまといつかれているところにあるのではないか。このように言えば、人はその思いつきを笑うかも知れないが、それならわたしたちが詩を書くとき、なぜ、原稿用紙を文字で埋めつくさないであろう。タブーのように、そこに空白がつくられている。たとえすべての枡目から、空白が追いだされたとしても、印刷されて発表された詩には、空白が出現している。それは東北の民話に登場する座敷童子に似ている。十人のこどもたちが、座敷のなかで、ぐるぐるまわって遊んでいると、いつのまにか一人増えている。その不思議なざしきぼつこが、余白である。

詩の出現とは、必ず(と言っていいほど)余白の出現である。だれもがそれを自明にして書き、読んでいながら、忘れている。ことばと共棲しながら、あるいはことばをおびやかしたり、おびやかされたりしている紙の上の、このざしきぼつこが、わたしは前から気になっていたが、なかなかつかまえられなかった。なにしろ、ざしきぼつこは、実際にこどもを数えてみると、消え失せているからだ。ことば論はあっても、余白論は成り立たないのか。しかし、それが詩との相関であらわれてくる以上、知れぬふりと言うわけにもいかない。その空白の魔性の尻尾ぐらいには触れてみたい。

まず、一篇の詩にどのように余白は生まれているのだろうか。それはほぼ三つの場合に限られる。それは第一に行かえであり、第二に行間をあける場合である。一行あきから三行あきまでが試みられている。第三は詩の短さに関係し、あるいは詩の終止によって生まれる。詩にとって、いわゆる散文詩をのぞき、行かえは一つの規則性である。むろん、一行を何字にするか、どこで行かえをするかは、作者の恣意にまかせられている。黒田三郎の『現代詩入門』(第三部・形式喩)によると、かつて句読点で切るとか、意味が次の行にまたがらないようにするとか、呼吸が切れたところで行をかえるとか、いろいろな論議がなされたらしいが、自由詩形では、ほとんど合理的な根拠がない。行かえということだけが、詩人たちに規則性として意識されている。

また、散文詩が多く書かれている現状で、これを例外にするわけにはいかない。基本的に散文詩を書く場合、行わけは意識的な選択になっていないが、余白との関連でみると、それらしきものがないわけではない。たとえば岩成達也は、現在の詩人のなかでは、もっとも意識的に散文詩形態を追求しているが、『マイクロ・コズモグラフィのための13の小実験』という詩集は、一行が三十字で、頁の上下に大きく空白がとられている。また、詩集『中型製氷器についての連続するメモ』は、一行が三十五字で下方に空白が出現している。いわゆる行かえの意識はないとしても、一行の字数をちぢめて、余白をとるという操作はなされているのだ。

もっとも、余白をもたない散文詩は、これまでも書かれているだろうし、今後、増えるかも知れない。小説の変容とも合わせて、文体上はほとんどそれと区別できない散文詩の問題を、すでに現実的に考えねばならぬところに来ている。しかし、それがなお、詩を書くという意識の内にあるかぎり、余白はまといつくのではないか。行わけの詩において、ことばの傍に座敷童子のように出現していた余白は、散文詩の形態において、遊んでいるこども全員がざしきぼつこに変異するような、そんな在り方をするのではないか、とここでは思いつきとして言っておきたい。散文詩は余白を縮小しただけ、それはことばの在り方のうちに吸収され、ことばを余白化する。詩のことばが魔術的に生きているように、余白もまた、変幻自在に生きて、詩の構成要素を成している、と言うのはまだ仮説だが、わたしはそれにすでに誘われている。

北川透「余白の出現、ざしきぼつこのような」『詩的レトリック入門』
(思潮社, 1993)

---

✿ 作者: 北川透(きたがわとおる) (1935〜)

詩人、文芸評論家。愛知県生れ。愛知学芸大学国語科卒。詩集『遥かなる雨季』など。

**漢字の読み方**

| | | | |
|---|---|---|---|
| 批評(ひひょう) | 魔性(ましょう) | 埋(う)める | 枡目(ますめ) |
| 印刷(いんさつ) | 東北(とうほく) | 民話(みんわ) | 座敷(ざしき)童子(わらし) |
| 共棲(きょうせい) | 消(き)え失(う)せる | 相関(そうかん) | 尻尾(しっぽ) |
| 触(ふ)れる | 恣意(しい) | 論議(ろんぎ) | 頁(ページ) |
| 操作(そうさ) | 変容(へんよう) | 変異(へんい) | 縮小(しゅくしょう) |
| 吸収(きゅうしゅう) | 変幻(へんげん)自在(じざい) | | |

## 文型

(1) しかし、それが詩との相関であらわれてくる以上、知れぬふりと言うわけにもいかない。

・学生である以上、勉強するべきだ。

・試合に出る以上、しっかり練習しなさい。

・約束した以上、約束は守らなければならない。

・やろうと決心した以上、全力をつくすつもりだ。

## 熟語

気になる

第二十三課

# 学問のすすめ



福沢諭吉

## 初編

「天は人の上に人を造らず人の下に人を造らず」と言えり。されば天より人を生ずるには、万人は万人みな同じ位にして、生まれながら貴賤上下の差別なく、万物の霊たる身と心との働きをもって天地の間にあるよろずの物を資り、もって衣食住の用を達し、自由自在、互いに人の妨げをなさずしておのおの安楽にこの世を渡らしめ給うの趣意なり。されども今、広くこの人間世界を見渡すに、かしこき人あり、おろかなる人あり、貧しきもあり、富めるもあり、貴人もあり、下人もありて、その有様雲と泥との相違あるに似たるはなんぞや。その次第はなはだ明らかなり。『実語教』に、「人学ばざれば智なし、智なき者は愚人なり」とあり。されば賢人と愚人との別は学ぶと学ばざるとによりてできるものなり。また世の中にむずかしき仕事もあり、やすき仕事もあり。そのむずかしき仕事をする者を身分重き人と名づけ、やすき仕事をする者を身分軽き人という。すべて心を用い、心配する仕事はむずかしくして、手足を用うる力役はやすし。ゆえに医者、学者、政府の役人、または大なる商売をする町人、あまたの奉公人を召し使う大百姓などは、身分重くして貴き者と言うべし。

身分重くして貴ければおのずからその家も富んで、下々の者より見れば及ぶべからざるようなれども、その本を尋ぬればただその人に学問の力あるとなきとによりてその相違もできたるのみにて、天より定めたる約束にあらず。諺にいわく、「天は富貴を人に与えずして、これをその人の働きに与うるものなり」と。されば前にも言えるとおり、人は生まれながらにして貴賤・貧富の別なし。ただ学問を勤めて物事をよく知る者は貴人となり富人となり、無学なる者は貧人となり下人となるなり。

学問とは、ただむずかしき字を知り、解し難き古文を読み、和歌を楽しみ、詩を作るなど、世上に実のなき文学を言うにあらず。これらの文学もおのずから人の心を悦ばしめずいぶん調法なるものなれども、古来、世間の儒者・和学者などの申すよう、さまであがめ貴むべきものにあらず。古来、漢学者に世帯持ちの上手なる者も少なく、和歌をよくして商売に巧者なる町人もまれなり。これがため心ある町人・百姓は、その子の学問に出精するを見て、やがて身代を持ち崩すならんとて親心に心配する者あり。無理ならぬことなり。畢竟その学問の実に遠くして日用の間に合わぬ証拠なり。

されば今、かかる実なき学問はまず次にし、もっぱら勤むべきは人間普通日用に近き実学なり。譬えば、いろは四十七文字を習い、手紙の文言、帳合いの仕方、算盤の稽古、天秤の取扱い等を心得、なおまた進んで学ぶべき箇条ははなはだ多し。地理学とは日本国中はもちろん世界万国の風土道案内なり。究理学とは天地万物の性質を見て、その働きを知る学問なり。歴史とは年代記のくわしきものにて万国古今の有様を詮索する書物なり。経済学とは一身一家の世帯より天下の世帯を説きたるものなり。修身学とは身の行ないを修め、人に交わり、この世を渡るべき天然の道理を述べたるものなり。

これらの学問をするに、いずれも西洋の翻訳書を取り調べ、たいていのことは日本の仮名にて用を便じ、あるいは年少にして文才ある者へは横文字をも読ませ、一科一学も実事を押え、その事につきその物に従い、近く物事の道理を求めて今日の用を達すべきなり。右は人間普通の実学にて、人たる者は貴賎上下の区別なく、みなことごとくたしなむべき心得なれば、この心得ありて後に、士農工商おのおのその分を尽くし、銘々の家業を営み、身も独立し、家も独立し、天下国家も独立すべきなり。

学問をするには分限を知ること肝要なり。人の天然生まれつきは、繋がれず縛られず、一人前の男は男、一人前の女は女にて、自由自在なる者なれども、ただ自由自在とのみ唱えて分限を知らざればわがまま放蕩に陥ること多し。すなわちその分限とは、天の道理に基づき人の情に従い、他人の妨げをなさずしてわが一身の自由を達することなり。自由とわがままとの界は、他人の妨げをなすとなさざるとの間にあり。譬えば自分の金銀を費やしてなすことなれば、たとい酒色に耽り放蕩を尽くすも自由自在なるべきに似たれども、けっして然らず、一人の放蕩は諸人の手本となり、ついに世間の風俗を乱りて人の教えに妨げをなすがゆえに、その費やすところの金銀はその人のものたりとも、その罪許すべからず。

また自由独立のことは人の一身にあるのみならず、一国の上にもあることなり。わが日本はアジヤ州の東に離れたる一個の島国にて、古来外国と交わりを結ばず、ひとり自国の産物のみを衣食して不足と思いしこともなかりしが、嘉永年中アメリカ人渡来せしより外国交易のこと始まり、今日の有様に及びしことにて、開港の後もいろいろと議論多く、鎖国攘夷などとやかましく言いし者もありしかども、その見るところはなはだ狭く、諺に言う「井の底の蛙」にて、その議論とるに足らず。日本とても西洋諸国とても同じ天地の間にありて、同じ日輪に照らされ、同じ月を眺め、海をともにし、空気をともにし、情合い相同じき人民なれば、ここに余るものは彼に渡し、彼に余るものは我に取り、互いに相教え互いに相学び、恥ずることもなく誇ることもなく、互いに便利を達し互いにその幸いを祈り、天理人道に従いて互いの交わりを結び、理のためにはアフリカの黒奴にも恐れ入り、道のためにはイギリス・アメリカの軍艦をも恐れず、国の恥辱とありては日本国中の人民一人も残らず命を棄てて国の威光を落とさざるこそ、一国の自由独立と申すべきなり。

福沢諭吉『学問のすすめ』
(初編発行, 1872)
http://www.aozora.gr.jp/

---

✿ 作者: 福沢諭吉(ふくざわ ゆきち) (1985～1901)

啓蒙思想家、教育者。慶応義塾(大学)創設。『西洋事情』『文明論之概略』『福翁自伝』など。

## 漢字の読み方

| | | | |
|---|---|---|---|
| 万人(ばんじん / ばんにん) | 万物(ばんぶつ) | 衣食住(いしょくじゅう) | 貴人(きじん) |
| 下人(げにん) | 賢人(けんじん) | 愚人(ぐじん) | 力役(りきえき) |
| 町人(ちょうにん) | 奉公人(ほうこうにん) | 大百姓(おおびゃくしょう) | 下々(しもじも) |
| 貴賤(きせん) | 貧富(ひんぷ) | 富人(ふうにん) | 貧人(ひんにん / ひんじん) |
| 世上(せじょう) | 儒者(じゅしゃ) | 畢竟(ひっきょう) | 巧者(こうしゃ) |
| 出精(しゅっせい) | 算盤(そろばん) | 稽古(けいこ) | 天秤(てんびん) |

| | | | |
|---|---|---|---|
| 詮索（せんさく） | 横文字（よこもじ） | 士農工商（しのうこうしょう） | 肝要（かんよう） |
| 放蕩（ほうとう） | 酒色（しゅしょく） | 耽る（ふけ） | 諸人（もろびと） |
| 風俗（ふうぞく） | 嘉永（かえい） | 開港（かいこう） | 鎖国（さこく） |
| 攘夷（じょうい） | 日輪（にちりん） | 軍艦（ぐんかん） | 恥辱（ちじょく） |
| 威光（いこう） | | | |

---

## 文型

(1) 地理学とは日本国中はもちろん世界万国の風土道案内なり。

・お酒とは、飲み方によって百薬の長にも害にもなるものなり。

・読書とは知識を深める身近な手段なり。

・携帯電話とは、単に通信機器にとどまらず、情報収集、危機管理等々の様々な機能をもった現代の必需品なり。

(2) 学問をするには分限を知ること肝要なり。

・語学を勉強するには、その国の文化に触れる機会が多いほど理解が早い。

・手早く料理をするには、下ごしらえが大事だ。

・習い事をするには、あきらめずひたすらコツコツと続けることが肝要なり。

## 熟語

間に合う

第二十四課

# 朝鮮とその芸術・序①



柳宗悦

私は最初この書の表題に「朝鮮を想う」と題したのである。之が私の心持ちを現わすのに最も応わしい題だったのである。然し書肆の所望によって「朝鮮とその芸術」と改題した。それは朝鮮の芸術を取り扱った部分が多いからである。然しかく題する時、それによって聯想される誤解を避ける為に、多少の注意を添えようかと思う。表題は一見すると朝鮮美術史の研究を示す様にとれる。然しかかる歴史的研究と本書とは全く目的を異にする事を明白にせねばならぬ。前者は学的攻究であるが、私がここに披瀝しようとするのは、思想であって学術ではあらぬ。思慕であって説明ではあらぬ。時間の上に現われた芸術への叙述ではなく、心の現われとしての美術への理解である。科学的に攻究するものの報告ではなく、芸術を愛するものの洞察である。私が認めて美に対する本質的理解と見做すものに触れようとしたのである。単なる学的叙述は美の本質をまで解く事は出来ぬ。私にとっては現わされた作品の客観的攻究が主題ではない。その作品を通じて民族の心理に触れようとしたのである。私は目下の所朝鮮民族の運命と直接交渉を持たぬ「ものの見方」に興味を持たぬ。私は二三の朝鮮美術史に詳しい人々を知っている。私はいつもそれ等の人々の知識を尊敬するが、同時にそれ等の人々が作者たる民族に対して冷淡なのに驚かされる。その研究は全く自己の知識を満足させるが為の努力であって、朝鮮の価値を守護し闡明しようとする希願ではあらぬ。況んやその民族の運命が如何になろうが少しも関与する所があらぬ。知識は正しくとも心情は非常に冷たい。かかる人々の中にあって、私の異なる見方は存在すべき積極的理由を持つと考えている。読者は此本から知識と名づけ得べき程のものを殆ど汲む事は出来ぬ。だが多量な心情をその酬いに得る事は出来るであろう。

読者も知る通り、之は私が過去三年間に時に応じて書いた断片的思想の輯録である。最初から計劃した著述ではないが故に、屡々同一の思想が反復するのに倦むかもしれぬ。然し反復せられた個所は恐らく私の言おうとする所の、最も強い一面であるにちがいない。私はその反復の為に此著書の価値を引き下げる事はなかろうと思う。且つよき読者は却てそこから何ものかを汲みとってくれるであろう。私は此本に於て、問題の解決を呈供しようとするのではない。朝鮮学に於て、又は政治学に於て何等専門の学識を持たない私が、恐らく為し得る凡ては只読者に朝鮮に対する情愛を誘おうとするにある。私は人情の温かさを信じ、そこに於て果たされる心と心との内なる理解の確かさを信じている。

此本の読者には必ずや朝鮮人もあるであろう。それ故私はそれ等の友に、嘗て私が率直に開陳した私の思想を略述して、此序文を結ぼうと思う。

私が過日或特殊な会合に招かれて、朝鮮に関する講演を終わった時、聴衆の一人が起って、日本がその領土に向かって加える圧迫に就いて、激しい憤怒の情を述べた。私はそれを聞き終わった時、実に弁明すべき一語が私にないのを知って、胸の絞られるのを感じた。よしそれ等の事の一切が写実でないとしても、私はまだ不完全な日本人の一人として、それを弁解すべき資格が無いと云う事を反省した。然しその人の顔が興奮して苦痛に暗くなっているのを見た時、私は思わずも起ち上がって次の見解を述べた。

「私は一言の弁疏を加える資格と意志とを持たない。私は無言のままに貴方がたの言葉を受ける。そうして述べられた事が写実であるなら、尚更私は日本が正しい日本となる様に今後努力しよう。貴方がたは日本をどこ迄も疑うかも知れぬ。だが私は未来の日本を信じている。そうして貴方がたの苦痛と暗い気持ちとが光ある一面に転廻される日を信じている。私は空論を説くのではない。私は明晰な三個の理由によって、それが必ず果たされる事を信じている。私は私の信念を貴方がたの前に陳述しよう。そうして若し私の云う事が真実であるなら、貴方がたは現在の苦痛を越えて希望を未来に抱き得るであろう。且つ又私達に対する憎悪の念を柔らげて下さる事が出来るであろう。私をしてかかる希望を持たせる三個の根拠とは何々であるか。

第一は自由への思慕、及びその確立、之が現に世界思潮の本流となっていると云う事実である。此流れは今非常に強い。之は人間に許された正しい理想であるから死滅する事は決してあるまい。古い幾つかの勢いは之に抗しようとしているが、日に日に何れも倒れて行く。そうして人間に賦与された自由の本質が、漸くその本来の意義を現わして来た。世界の凡ての人類は今此理想に向かって戦っている。経済や軍力による支配はもう昔の力を盛り返す事は出来ぬ。たとえ日本が一人その趨勢を阻止しようとしても、それは徒労に過ぎない。果たして日本は世界の思潮に遅れる様な愚を為すであろうか。私はそうは思わぬ。如何なる国も正しい世界思潮より、より強い力を持たぬ。剣も力であろう、然し真理は尚強い力だ。貴方がたはたとえ日本を信じなくとも、人類の思想を信じるであろう。此信念は貴方がたの絶望をもう一度覆えす力はないであろうか。憤怒に自らを殺してはいけない。かくするかわりに健実に自らを養って、人類と共に未来の王国を建てねばならぬ。之は私達に於てもそうである。貴方がたに於ても同じである。自由への無限な思慕、此普遍な趨勢は人類の未来への力強い基礎とならないだろうか。之よりも明らかな希望への保証があり得るだろうか。

第二に私は若い日本の人々を信じている。貴方がたはそれを知らないかもしれぬ。然しここでは思想が激変している。政治によって代表された日本と、若い思想の日本と、如何に明確な差別があるであろう。貴方がたの憎しみの的となっているのは前者である。然しかかる日本のみが凡ての日本だと思うなら非常な錯誤である。まもなく貴方がたの前に時間はその光景を廻転するのであろう。現に私は若い非常に多くの日本の人々が、朝鮮の友であると云う事を知っている。私の如きものを只一人の除外例だと思って下さってはいけない。私達は貴方がたに対して何等の先天的憎悪を持たない。私達はいつも政治の日本によって、日本を代表せられる事に迷惑を感じる。日本人と貴方がたの敵とを同一に見てはいけない。若い者は貴方がたを理解する事を準備している。それはもはや時間の問題に過ぎない。此事を、熟知して下さるなら、不幸な憎悪に貴重な時を費やす事を幾分かは少なくして下さるであろう。私は若い日本が貴方がたの友である事をどうしても信じないわけにはゆかぬ。

第三は最も深い強い根柢である。私はここに正義そのものの力を指して云うのだ。真理そのものが凡ての運命を決定すると私は信じているのだ。若しも貴方がたが云う様に、真に日本が悪いなら、かかる日本はいつか亡滅する。悪は最後の捷利者となる力を持たぬ。ここに正義そのものの力が出て、日本の誤謬を正さずにはおかないであろう。悪しきものは正しきものに勝つ事は出来ぬ。之は道徳界に於ける淘汰の法則である。それは進化の原則ではないか。私は道徳律を疑う事が出来ぬ。法則を破り得る日本の存在は許されておらぬ。それなら貴方がたの運命を殺し得る日本がどこにあるのだ。よし日本を疑っても道徳律をまで疑ってはならぬ。私は永続する悪がないと云う事を確信する。況んや日本の若い人々は日本を真理の国に高めようとして努力している。私は日本に生まれた一人として、悪の為に亡びてゆく日本を見るに忍び得ない。私は正義の上に日本が安泰せられる日を熱望する。私達は貴方がたから誹られる前に、それ等の事を自身に於て反省しよう。若し私達がその反省を怠るなら、私達は当然陥るべき滅亡に自らを導かねばならぬ。私は真理が最後に一切を審く力だと信じている。此信念こそは人類の未来を保証する最も大きな確かな根柢ではないか。

若しも私達の日本が罪を犯しているなら、私はそれに対する凡ての非難に耳を傾ける誠実を持とう。然し過去のそれ等の事実によって、日鮮の間にある未来の保証が絶望であると速断する事は出来ぬ。私は以上の三個の確実な基礎に立って、吾々の幸いな未来を信じている。

私達にとっても貴方がたにとっても今は危機である。互いに自らを慎んで真理への信念を失わぬ様にしよう。卑下や憎悪に互いを殺さずに、生命の価値を互いに確立しよう。その望みが少しもないなら、世界は暗黒である。然し暗黒だと判じるにしては、前述の三つの根拠は余りに強く余りに確かではないか。

之が私の答え得る凡てである。」

私も興奮し是等の言葉を言い終って、その友を顧みた時、その人も点頭いてくれるかの様に見えた。一人の朝鮮人は立って私に温かみある感謝の挨拶を述べてくれた。傍にいた一人の印度人が特に第三の点に於て全然私に一致すると云う考えを力強く述べた。私も云いたい事を言い終え心に釈放を覚えた。

朝鮮の人達よ、今は一国の精神的運命に関わる大切な時期である。新しい出発の為に不変な基礎を準備せよ。よく熟慮し反省し、深くその使命を意識せよ。独立を仰望する前に大人格の出現を仰望せよ。何事よりも先に偉大な科学者を出し、偉大な思索家を産み、偉大な芸術家の出現を熟望せよ。真と美と善とを除いて、朝鮮を永遠ならしめる基礎はないと深く悟れよ。不平の時間を出来るだけ少なく持ち、勉励の時間を出来るだけ多くせよ。耐え忍び自暴自棄になってくれるな。君達は基督の云った言葉を覚えているだろう。終わり迄忍ぶ者は救われるのだ。悲しむ者は慰められるのだ。世界は君達の敵ではないのだ。況んや神は君達の運命を守護する事を忘れてはいないのだ。

日本の同胞よ、剣にて起つものは剣にて亡びると、基督は云った。至言の至言だ。軍国主義を早く放棄しよう。弱者を虐げる事は日本の名誉にはならぬ。彼等の精神を尊び肉体を保証する事が友誼であると深く覚れよ。他人を卑下する事に何の誇りがあろう。愛する友を持つ事は吾々の名誉だ。だが奴隷視する者を持つ事は吾々の恥辱だ。他人を蔑り卑しみ虐げる事に少しでも時間を払ってくれるな。弱者に対する優越の快感は動物に一任せよ。吾々は人間らしく活きようではないか。自らの自由を尊重すると共に他人の自由をも尊重しよう。若しも此人倫を踏みつけるなら世界は日本の敵となるだろう。そうなるなら亡びるのは朝鮮ではなくして日本ではないか。

東洋は結合しなければならぬ。然し結合と征服による統一とを混同してはならぬ。個性と個性との互いの認許によって、敬念と理解と愛情とが湧くのだ。相互の愛が結合の基礎だ。之に反して排斥と征服とこそは憎悪の基礎だ。私は此不備な著書が、尚幾分なりかかる結合の出発に人を誘う縁となる事を切に希う。

---

✿ 作者: 柳宗悦(やなぎむねよし) (1889～1961)

宗教哲学者、民芸研究家。東京生れ。東京大学哲学科。『柳宗悦選集』『柳宗悦宗教選集』『私版本柳宗悦集』『民芸四十年』など。

## 注

① 朝鮮とその芸術・序: 1922年に刊行された『朝鮮とその芸術』の序の一部である。1910年日本による韓国の植民地化が行われた時、それに抗議し、真の友好を説いた一連の文章を収めている。柳の民芸運動は朝鮮とその芸術との出会いの中に胚胎したと言われる。

本文は『柳宗悦全集』第六巻による。

## 漢字の読み方

| | | | |
|---|---|---|---|
| 応(ふさ)わしい | 書肆(しょし) | 聯想(れんそう) | 攻究(こうきゅう) |
| 披瀝(ひれき) | 見做(みな)す | 闡明(せんめい) | 希願(こいねがい) |
| 況(いわ)んや | 如何(いか)に | 酬(むく)い | 輯録(しゅうろく) |
| 屡々(しばしば) | 倦(う)む | 呈供(ていきょう) | 為(な)し得(え)る |
| 凡(すべ)て | 只(ただ) | 聴衆(ちょうしゅう) | 憤怒(ふんぬ) |
| 興奮(こうふん) | 弁疏(べんそ) | 貴方(あなた) | 尚更(なおさら) |
| 転廻(てんかい) | 空論(くうろん) | 明晰(めいせき) | 陳述(ちんじゅつ) |
| 若(も)し | 憎悪(ぞうお) | 賦与(ふよ) | 趨勢(すうせい) |
| 阻止(そし) | 徒労(とろう) | 然(しか)し | 健実(けんじつ) |
| 激変(げきへん) | 的(まと) | 廻転(かいてん) | 捷利者(しょうりしゃ) |
| 誤謬(ごびゅう) | 悪(あ)しきもの | 淘汰(とうた) | 安泰(あんたい) |
| 誹(そし)られる | 審(さば)く | 吾々(われわれ) | 卑下(ひげ) |
| 暗黒(あんこく) | 是等(これら) | 点頭(うなず)く | 熟慮(じゅくりょ) |

| | | | |
|---|---|---|---|
| 仰望(ぎょうぼう)する | 思索家(しさくか) | 勉励(べんれい) | 耐(た)え忍(しの)び |
| 自暴自棄(じぼうじき) | 基督(キリスト) | 虐(しいた)げる | 友誼(ゆうぎ) |
| 奴隷視(どれいし) | 恥辱(ちじょく) | 蔑(あなど)り | 活(い)きる |
| 認許(にんきょ) | 敬念(けいねん) | 排斥(はいせき) | 誘(いざな)う |

## 文型

(1) 読者も知る通り、之は私が過去三年間に時に応じて書いた短篇的思想の輯録である。

・予算に応じて作ります。

・力に応じて出題された問題だから、できるはずである。

・人は必要に応じて単語を覚えてゆくのである。

・それぞれの学力に応じての指導のしかたがあるはずである。

・組合側は、要求に応じた回答が得られなかった場合は、ストライキに突入すると発表した。

(2) 朝鮮学に於て、又は政治学に於て何等専門の学識を持たない私が

・こんなことをしても、なんら得るところがない。

・私とはなんら関係がない。

・彼はなんら恥じるところがない。

・今度の長官もなんら変わり映えがしない。

・なんらの報告も受けていない。

(3) 私が過日或特殊な会合に招かれて、朝鮮に関する講演を終った時、

・彼は労働法に関しては第一人者である。

・彼はいろいろな事柄に関して興味をもっている。

・日本に駐在している外国人は、それまで日本語に関してはその大多数が文盲であった。

・このような問題に関しての質問が非常に多く出た。

・家では仕事に関する話は一切しない。

(4) 日本がその領土に向かって加える圧迫に就いて、激しい憤怒の情を述べた。

・今、船は南に向かって航海しています。

・それは天に向かってつばを吐くようなものだ。

・病人に向かってなんて事を言うんだ。

・そのとき、わたしは家路に向かっていた。

(5) 私をしてかかる希望を持たせる三個の根拠とは何々であるか。

・この事件は、彼をして言わしめれば、すべてわたしの責任だそうだ。

・心ある人をして協力せしめたのは、彼の人徳によるところが大である。

・いかに国家の危機だからとて、学生をして出陣せしめるようなことがあってはならない。

(6) 之に<u>反して</u>排斥と征服とこそは憎悪の基礎だ。

・人はしばしば自分の理性に反して、衝動的に動くことがある。

・期待に反して、オリンピックで金メダルはとれなかった。

・子供が成長するのに反し、親は次第に体力が衰えてゆく。

・人はやむをえず自分の意志に反するような行動をとる場合がある。

### 熟語

耳を傾ける

# 일본명문감상

초판 1쇄 발행 2013년 2월 28일
초판 2쇄 발행 2014년 2월 28일
초판 3쇄 발행 2015년 2월 25일
초판 4쇄 발행 2017년 2월 24일
초판 5쇄 발행 2019년 5월 13일

지은이 한국외국어대학교 일본학술도서편찬위원회
발행인 김인철
총괄·기획 가정준 Director, University Knowledge Press
편집장 신선호 Executive Knowledge Contents Creator
기획·물류 이현진 Planning Expert
도서편집 박현정 Contents Creator
사전·도서편집 정준희 Contents Creator
도서편집 장혜린 Contents Creator
전자책편집 인은주 e-Contents Creator
재무관리 강현주 Managing Creator
발행처 한국외국어대학교 지식출판콘텐츠원
02450 서울특별시 동대문구 이문로 107
전화 02)2173-2493~7
FAX 02)2173-3363
홈페이지 http://press.hufs.ac.kr
전자우편 press@hufs.ac.kr
출판등록 제6-6호(1969. 4. 30)
디자인·편집 (주)이환디앤비 02)2254-4301
인쇄·제본 네오프린텍(주) 02)718-3111

ISBN 978-89-7464-824-4 13730 정가 13,000원

* 잘못된 책은 교환하여 드립니다.



불법복사는 지적재산을 훔치는 범죄행위입니다.

저작권법 제136조(권리의 침해죄)에 따라 위반자는 5년 이하의 징역 또는
5천만 원 이하의 벌금에 처하거나 이를 병과할 수 있습니다.



HU:NE 은 한국외국어대학교 지식출판콘텐츠원의 어학도서, 사회과학도서, 지역학 도서 Sub Brand이다. 한국외대의 영문명인 HUFS, 현명한 국제전문가 양성(International+Intelligent)의 의미를 담고 있으며, 휴인(携引)의 뜻인 '이끌다, 끌고 나가다'라는 의미처럼 출판계를 이끄는 리더로서, 혁신의 이미지를 담고 있다.